八千里路雲和月

靜果題

八千里路雲和月

一九八一・三

▲故國懷古——不堪回首帝王州

▼唯一保留下來的一段北京城牆和護城河。立者為鄭清茂。

▲故宮夕照

▼頤和園長廊。(文革時遭破壞，兩年前才修復。)

▲作者兒時居住的地方簾子庫胡同。

▼「大叔！給我們照張像吧！」

▼十三陵道上

▲在八達嶺長城上

▼在長城上與《人妖之間》作者劉賓雁合影。《人妖之間》為造成轟動的報告文學；對於人性在桎梏下的顯露，有強烈深刻的描寫。

▲西安市景

▼西安的路邊茶座

▲沈香亭前倚欄干

▼西安碑林

▲成都杜甫草堂

▼山城朝霧

▲武漢大學一角

▼自南京中華門斷垣下望秦淮河

▲在中山陵前（前排左起為作者、鄭清茂、鄭愁予；後立者為楊牧）

▼上海黃浦江頭

▲在上海復旦大學中文系樓前和豐子愷長子豐華瞻（中）及鄭清茂（左）

▼杭州岳武穆祠

▲杭州靈隱寺

▼西湖三潭印月

▲紹興水鄉

▼在紹興會稽山下蘭亭前

▲在一代書聖王右軍祠的「墨華亭」前

▼蘭亭「曲水流觴」處

▲沈從文夫婦（左）和作者夫婦

➤〈祝福〉文中的一對朋友。在九龍壁前給他們照相時，男女都顯得不太好意思。

▼和曹禺（右）交談

追雲隨月

一九九九・九

▼安順華嚴洞，五十六年前故宮南遷文物精品就存放在這裡。（中立者為通仁法師）

▲安順東門坡故居，充滿兒時的記憶。（左起莊靈、莊因、莊喆）

▼安順東門坡

▲訪問苗寨，受到苗家少女的奉茶歡迎。

◀貴州黃果樹瀑布（左起莊靈、莊因、莊喆）

▲四川原巴縣一品場當年地保李篤生先生（右二）

▼從李篤生老先生家辭出

▲巴南飛仙岩的李老太爺為我們這批遠客在他半山上的農舍席開數桌

▼莊喆給老先生的寫像與莊因的題語

➤重慶南岸莊因先生母校
廣益中學校門

▼至廣益中學當年楊校長
墓前拜祭

▲兄弟重訪五十四年前就讀的重慶南岸海棠溪「好聰國民學校」舊址

◀重慶南岸海棠溪後山頂上的文峰塔

▲大足寶頂山

▼參訪大足北山石窟

▲四川大足縣北山石窟

▼大足寶頂山臥佛

▲大足北山石窟天王石像

▼寶頂山石窟壁上「與佛有緣」四個醒目大字

▼長江三峽的西端，瞿塘峽入口處的夔峽。

▲大寧河小三峽的龍門峽

▼大寧河小三峽的巴霧峽

▲武漢的湖北省博物館專為曾侯乙墓文物而建（右為作者，左為其子莊誠）

▼湖北省博物館編鐘演奏

▲搭配編鐘的舞蹈表演

▼南京冶山就在朝天宮孔廟隔壁

▲故宮博物院南京分院庫房舊址（現為南京博物館庫房）

▼參訪南京博物院新館開幕時的古代復原墓葬及玉璧等殉葬

▲南京孔廟大門欞星門牌坊

▼南京孔廟旁的書販

三民叢刊213

八千里路雲和月

莊因著

三民書局印行

目次

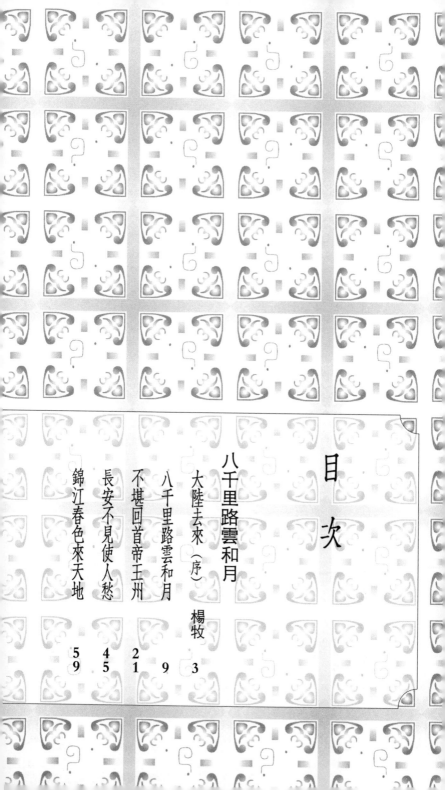

八千里路雲和月

大陸去來

——莊因《八千里路雲和月》序

楊牧

今年初春寒天料峭的時候，莊因和我以及另外五個朋友，曾有中國大陸之行。七人當中，鄭清茂和我是臺灣人，劉紹銘自幼生長香港，都沒見過神州中原，遑論江南塞北了。我個人所有關於中國的知識都來自書本，外加一些想像。莊因、鄭愁予、李歐梵和王靖宇則為出生在大陸上，童年在大陸度過的北方人。我們三人感慨已深，他們四人更是精神震動。大家朝夕相處，自北而南；在將近三個星期的時間裡，我除了觀察呈現在我眼前的外在世界的人情山川外，更不免關切地注視著每一個人的反應，深怕有人負荷不了這鉅大的心理衝擊。我知道我個人大約可以保持冷靜，不會出問題，但我總在擔心有人會在路上抑鬱失眠。果然旅途中鄭愁予和劉紹銘失眠嚴重，而且莊因也兀自病了一晚，想是精神和情緒遭遇過分的搖盪，致為羅剎所乘。我們啟程那一天，正好是莊因父親慕陵先生週年忌日，其心情可知。

我回憶那次旅行，總彷彿聽到清早莊因敲門叫我的聲音，一口充沛響亮的北京話：「起來了，別睡了。」從北而南一路到上海，早晨都是他來隔壁將我喊醒。在北京三月陰涼的晨光裡，他的聲音經過長廊的扣合，嗡嗡然久久不斷；我開門答應的時候，就看到他穿戴舒齊站在那裡，一臉疲倦茫然，卻又忍俊不禁。我當然可以斷定，他一路上休息得比我少，精神處在一種持續的緊張狀態裡。

莊因是北平人，他作詩寫字有時落款輒署「燕人莊因」。他家兄弟四人，少承慕陵先生庭訓，都在文學和藝術方面有卓越的成就。我於莊家最初只認識老三莊喆；一九六二年嚴冬，曾經去過他們霧峰老家看莊喆的畫室。記得他家在一片水田後面，十分偏僻幽靜。莊家負責保管故宮藏品，等到故宮北遷外雙溪，他們又跟著在博物院左側定居了下來。霧峰莊家號「洞天山堂」，門口有一棵大樹，樹上養了一隻猴子；家裡滿屋子都是書畫，一派讀書人的雅緻，我印象極深。但我去霧峰時，莊因大概已出國，故未見及。我和莊因真正訂交是一九六六年在柏克萊，第一次見面在鄭清茂家。清茂與莊因二人是臺大中文系同學，友誼極深。我那時直覺認為莊二爺飲酒寫字是一流的，但樣子簡傲任誕，心中頗不以為然。後來認識相知深了，我曾對他直言當初對他的惡劣印象，而清茂也說他曩昔在臺大文學院，對莊因印象也不佳；大概有些人是必須深交始能了解的，遂相與拊掌大笑。

莊因博覽群書，於詩詞小說都有涉獵，但他最喜歡的恐怕是書法、散文、漫畫、竹枝詞、花木石頭、螃蟹、酒和朋友。他在史丹福大學亞語系任教多年，教學研究材料均已得心應手，乃有閒情逸致追求他的生活的藝術。他的字駸駸然有名家之風，越來越得文徵明的神髓。散文也帶晚明風格，復脫胎自豐子愷的輕描淡寫。漫畫則完全步豐子愷筆路，古樸溫柔，情勝於理，也和豐子愷一樣在畫中題寫古典詩詞，增強其藝術效果；我曾見過莊因一幅傑作，畫兩人燈下談天，案上一把茶壺帶茶杯若干，題曰：「古今多少事，都付笑談中」，與緣緣堂漫畫並列，幾可亂真。他的竹枝詞音調明朗，命題充滿幽默和同情，墟里采風的精神宛然猶在。莊因喜歡小擺設小玩物；去年冬天舉家北來度假，遊山時曾在冷澗中撿了兩塊蒼苔淋漓的大石頭，專程攜回加州，朝夕澆水，不以為煩。他在加州的家號為「酒蟹居」，熟朋友和半生不熟的朋友，間關來往，如過江之鯽；但只要性情投合，甚至性情不太投合的，他也總是熱忱接待，不以為煩。我時常想，莊二爺興趣廣泛，是正面人生價值的鑒賞家，但他愛詩書美術，愛庭園花木，愛酒蟹文章，恐怕都沒有像他愛朋友那麼深。莊因不喜歡講人閒話，這一點頗得阮籍的真傳；但他會開口罵人，這也是六朝人物必備的條件。

我們遊北京城，正值風沙季。雖然千里迢迢來臨，我個人時有沮喪之感，更常常覺得疲憊索然，不知道該如何參與這種緊湊的旅程。許多歷史文化的想像，忽然間變得十分稀薄脆弱。朋友們大都有鄉愁在內心運作，沉默中支撐起大無畏的追尋和探索，我則茫然淡漠，原因不必細說。莊因每天寫日記，張大兩眼默默地貪婪地觀看著、思想著，鄉愁使然。他回美後寫了一系列的文章，骨幹乃是一個知識分子通過社會的良心在批判著難以相與的社會制度，同時不免充分流露出他對於土地的戀慕和擁擠了三十年的緊張於胸臆的鄉愁。這份鄉愁我可以了解，但我並無緣分享之。我所能夠認知的故鄉在臺灣，不在大陸，所以我回來後寫的兩篇文章，都不曾提到鄉愁。

我們經西安，盤桓後又飛成都。川西平原顏色與北方迥異，心情一鬆，莊因病了。莊因的病只是抑鬱沉悶和疲勞；起初是茶飯不思，言語無多，但第二天卻又不藥而愈，和我們一起遊青城山下的都江堰；精神忽然振作起來，四川話也回來了，原來他童年的另外一部分是在四川度過的。從成都搭火車到重慶，乘江輪經三峽出川赴鄂，每一個人的神情都比較凝重些，無非是文學歷史意識使然。莊因一路上坐飛機搭火車大都與我同座，江輪上也與我同艙。我天黑入睡前，總覺得他在隔床翻來覆去；人之必須有感情，思舊回憶，也還是天經地義的事！過武漢，飛南京到上海，同行朋友都慢慢輕鬆起來了，因為南方的風物比較柔輭，而且大部分的新奇也逐漸變得不太新奇了，心理壓力頓減。然而莊因在上海獨多親人，一時又捲進無窮的人情悲歡之中。我站在一旁觀察，黯黯吃驚。可是旅程已近終點，自杭州回滬，已矣哉，一切洶湧澎湃的感情終須有它安身立命的均衡，歷史的文化的關懷惟有嚴整的筆墨能夠訴說，其他的宣洩和控訴都是無力的。我和莊因曾在上海旅店一室中枯然對座，商量如何將美國長途電話傳來的嘉義故鄉母喪的消息轉告清茂，噓唏歎息，覺得人生的辛苦不但是生死，還有別離——而這一切古人已經都說過了，說得非常透徹了。

我與莊因朋友之間了解頗深。大陸之旅當然更加深我們彼此的了解，但即使沒有那許多同艙共座的經驗，我也可以毫不猶豫地說，莊因是我輩讀書人中真正的性情中人。他可以開口罵人，但他不說人閒話；在鄙夷神色中傳達一種強烈的批判，也在歡笑裡肯定我們認為值得肯定的人品和文藝。他認識社會的黑暗，但絕不狂妄斷然否定那社會，因為他愛朋友、愛家、愛國家民族、愛歷史文化的整體意識。這次他將大陸去來的文章結成一集，我讀後深感這些文章不能以普通的遊記視之，因為常人遊記多客觀寫實，最多也只渲染山川人情而已；莊因筆下感情充沛，愛憎分明，有時更在無奈的心緒下，把眼前不可理解的現實付諸淡淡的哀傷，讓文學藝術的精神去轉折詮釋，讓歷史的靈魂去思索。

一九八一、十二・西雅圖

八千里路雲和月

也不知道是冥冥之中就安排好了的，還是事有巧合，這次大陸之旅，成行那天偏偏是三月十二號——父親過世一週年的日子。

漂泊四十餘年，如今重返家園，我應該心安理得地承認，這是遊子還鄉了。但是，問題也就出在這裡，遊子是實，心安理得則不然。我一直覺得，故鄉，是指一個人生於斯、長於斯、朝夕與共，由於太過熟稔而產生出一種不可名狀，也無需解釋的深厚感情的地方。我呢？生於斯，卻在一無記憶的四歲稚齡離去，長於他鄉。故鄉的人物風貌，不過得自父母親朋的片段口述，或是從圖片、電影和文字中撿拾到一鱗半爪知識，自己竟無絲毫生活實感，不僅陌生，簡直可以說是茫然。彭澤令陶公不為五斗米折腰，「覺今是而昨非」，於是「鳥倦飛而知還」，「歸去來兮，請息交以絕遊」，從此不再遠離，那才是心安理得。賀知章弱冠別家，三十七歲中進士，為官在外，年逾八十致仕歸故里，雖有「少小離家老大回，鄉音無改鬢毛衰；

兒童相見不相識，笑問客從何處來」之歎，但是，對感情的調整，也只是剎那間事；告老還鄉，是他情知可以終老於斯土，因此，那也是心安理得。而我不是。我是在兵馬倥傯中浪跡大江南北，繼而浮海去臺，終移寓異邦。為了更能適合自己個性發展的環境而忍受寂寞和歧視，化番度日，是自己的選擇；尚要死心塌地繼續留住下去，長期自我放逐，也出於一己決定，早就四海為家，成了失鄉之人。此度歸去，客館孤寒，舉目無親人故識，只作蜻蜓點水一般四天短短暫訪，然後倦鳥知還，要自本鄉回到異鄉，情何以堪，怎麼會是心安理得！

從我知道此行已成定局那天起，心裡直如浪花激盪，惶惶然不可終日。如何處理這份複雜心情，真是讓我寢食難安。若是一個孤兒，不知身世，認定一輩子伶仃，無牽無掛，倒也罷了。而我這浪子，偏是知道來自何方；偏有故鄉引我夢縈魂牽；偏又缺少些許蠻勇和鐵石心腸，能硬把他鄉認做故鄉；明知不能久留，相見爭如不見，卻偏要作繭自縛，歸去投身苦海，寧受哀痛傷情噬神，以至於此，唉！

其實，有很長一段時間，我已將故鄉遺忘了。作出這樣的努力，當然需要付出極大的代價。人生有許多不易為的事，狠心將故鄉拋棄或忘卻，誠如大義滅親，都是人間至痛。但是，忘鄉似更不易為，其難在於抽刀斷水，不過是一種自欺之愚行而已。

大學時期，我最怕寒暑假時來自中南部的臺籍同學，四處張貼著乘坐火車集體還鄉的通告。他們越興奮快樂，我越悲哀難忍；他們回到自己的家，我回到父親的宿舍；他們歸抱鄉土，我如流水浮萍。從那時起，我決意忘懷故鄉。豈知久矣自認「東西南北人」作莊子逍遙的我，二十年後證明竟然如此無用，太上忘情，談何易為。

左思右想，鬱結之情不可解。愚人愚行，不言也罷。漸然竟覺得這次回去的應該是父親而不是我了。北平是他的故鄉，生於斯、長於斯、讀書於斯、工作於斯，若不是戰爭離亂，他也定然終老於斯的。然而，此度回去的竟是我而不是父親，人生嘲諷亦大矣。浩歎之餘，我肅然意識到此度回鄉的重大意義了，算是代父還願罷，雖然明知我所回去的「北京」，已非他日日思念四十三年前的北平。「天上有機奔月，人間無地埋憂。浮家竟成新客，夢中重返幽州。」這是父親晚年口占，關情淒切蒼涼。直到去年纏綿病痛，杜鵑哀啼聲中含恨以終，一縷鄉愁，猶牢牢牽繫在故土春泥裡，埋骨他鄉，泉下大概更無埋憂之地了。如今他獨留青塚在臺中大肚山上，九州未同，即使在冥域也只得隔海相望。我今既有返鄉之行，能不為他還願，讓他老人家地下安息嗎？

我知道，父親靈在天上。白雲悠悠，我向蒼天招魂，魂兮歸來！願您靈附我身，乘風歸去！

路漫漫其修遠兮，
吾將上下而求索。

我們乘坐的「中國民航」七四七型客機於午後二時十五分自舊金山起飛，將在上海過境停留一小時，繼續北飛。

開過飯後，人語聲漸次沉消下去，連女性服務人員來回走動也不甚勤了。其實，我已經一連數天沒有足夠睡眠，理應趁此小睡，稍補透支了的體力，以便到達目的地後，好面對陌生的故都景物。歷次長途旅行，無不以愜快心情出之，唯有這次不同。我非但需要專情，更得專心。我將善用耳朵和眼睛，求證印象於點滴見聞。這不是一次純觀光性的旅遊，可以毫無吝嗇的縱容主觀感覺，我的感情勢須接受理性的制約。而我明知蓄積了三十年的感情，有極大的氾濫可能性，遂使神志徬徨而緊張。這也就是我心情凝重似鉛，怎麼也不能入睡的原因。即使不睡，闔上眼養神也好，我曾這樣考慮到。但其結果更糟，在黑暗中反而更容易聚精會神胡思亂想。

隨手拾取一本斜插在座椅背袋中的宣傳小冊子——《中國民航與大陸旅遊一覽》。發現竟無一個簡體字，大惑不解。中共搞宣傳，一向匠心獨具，智者千慮，怎麼居然在代表國家的航機上失了手？我不相信。再思之下，不禁拍額悟道，連稱是了是了，這正是讓頑固保守但又心戀故土的華僑們，先順眼順心，去掉一層情感上「認同」的阻礙，所施用的絕妙招數。等回到了「祖國」，君既入甕，再接受簡體字的折磨洗禮，敬請原諒為荷，愛憎全由不得你了。推行簡字，當然是中共的國策原則，但，為求達到政治目的，連憲法都可以幾度易改，原則是可以任意權變甚且罔顧的。這才是中共真正不變的原則。這樣思量著，也有好處，主動地用輕鬆的態度來徵引一些嚴肅的問題，以沖淡低沉氣氛。於是，我決定起來走動一下。

六位同行的朋友，散坐在不同的位置，大都在閉目養神，各有所思，也就沒去驚擾攀談。此起彼落地，只有那些嚼著口香糖，啜著飲料的「真老美」（我這樣說，是把貌非深目隆準，黑髮黃膚，心理上不承認自己是花旗臣民，而中國大陸稱之為「美籍華人」，臺灣稱之為「華僑」或「假洋鬼子」的「中國人」區分出來。「外籍」一詞，如若不在中國本土上使用，極易令人錯亂），以天真愉快的語聲，興奮地向四周擴散著對於中國粗淺的知識。兩個孩子睜大了碧藍無邪的眼睛，追問著大人，在長城上有沒有熱狗和可口可樂。我走過他們的身邊，正好跟大人的視線接觸。

「你們現在是到中國去！」

大人在我身後回答，模稜得有技巧。我沒看見他們面上的表情，但莞爾笑了。西方人——

尤其老美，即使現在到中國去，大多數還是滿懷趕赴嘉年華會的熱情，加上綺麗浪漫的幻想。他們不可能想到，中國人民配給的糧食是否夠吃，副食及日用品的供應到了甚麼程度，一個勞動者需要積蓄多少工資才能購買一輛國造自行車等等問題。唉，這也難怪，大門一關三十年，息交絕遊於世界，外邊人看見的只是一個個冉冉淩空，寫滿了革命口號，「偉大的社會主義好」牌的五色繽紛汽球，嬝娜多姿，迎風飄舞。誰知門裡春秋，辛酸歲月！若不是經濟上不去，在在需錢，又怎麼會讓這些外國佬到長城上去解囊相助，反襯自己的窮苦落後！

我在機尾一個女乘務員旁邊的空位上坐下來。

這位身裁容顏都稱佼好的同胞，側首對我一笑。在知道她的籍貫是天津後，我說我們正是同鄉。於是她立刻問我「出國」多久了，同時恭維我的普通話很好。我不願意把時間浪費在無聊的應酬話上，索性稍顯唐突地問她燙髮和塗唇膏的事。

「這也是一年多兩年來才可以的。」對方搬弄著指頭說。

「下了飛機，就這樣上街嗎？」

「不成！」她笑了：「口紅得擦掉，項鍊也得摘下來。」她探摸胸前懸垂著的一串廉價珠圈。

我告訴她，像她這樣大波浪式的頭髮，只塗淡淡唇膏而不加其他化粧，實在很夠大方樸素。

「本來嘛，這根本沒有甚麼。四人幫時就是不可以。」她把嘴唇鼓翹起來。

我問她如果四人幫又復辟，她現在的打扮是否要還原。

遲疑了一下，她忽然慧黠地反問我：「你認為四人幫還會復辟嗎？」

我說我當然希望永遠不會。但是，我告訴她，我所擔心的是大陸上政策的朝令夕改，由於是「人制」而無真制度。

她沒有正面回答我。只說：「像我們這樣打扮，跟實行社會主義、推行四化有甚麼關係？」

有甚麼關係？完全沒有關係！這位年輕的天津籍女服務員說的可算是由衷之言了。大陸上提倡反奢侈反頹廢，主張樸實無華的作風，並無不是。但，若認為不塗唇膏、不燙頭髮才是積極表現對社會主義由衷的熱愛和支持，則是強詞奪理不能自圓其說的。口口聲聲「人民」，人民長、人民短、人民這、人民那，人民可總沒有表白的自由，人民的頭上總有「人上人」，總有人上人手裡的黨。人上人沒有真正好好地「為人民服務」，處處表現顢頇、跋扈、逞強、壓制、腐化，卻一味自誇是一切為了人民。抹煞人（民）性，唯物得視民為物，大概是共產主義最最根本上不能被接受的方面。

這位女乘務員還告訴我，她們沒有固定的工資。一年有一個月休假，工作是國內國外航線輪調；飛航一次，得到一元美金的待遇。所有女性乘務員都是初中畢業，由國家遴選稍事集訓派在空勤工作。她自己已經在機上服務八年了。

「還要工作到甚麼時候？」

「反正由國家安排。」她指了指前方大約一丈處正在值勤的一位女乘務員說：「她已經工作了十六年了，現在在機上輔導後進。」

「工作會調動嗎？」

「大概不會調到其他單位了。不在機上服務，會被安排在辦公室，文書一類的工作。」

「你對自己這份工作覺得怎麼樣？」

「不錯嘛！」她笑著說，攏了攏頭髮。趁她抽腿更換坐姿的間隙，我瞥見了她藏在長褲下腿上穿著的尼龍絲襪。就再追問怎麼個不錯法。

「吃得好，住也不花錢。宿舍挺寬敞，設備也全。再說，也給家裡勻出來一塊地方，可是方便多了。」

我知道大陸上衣、食、住、行，民生四事之中，住最嚴重。據去過大陸的朋友說，有一家大小四、五口擠住一間屋子的，晚上睡覺時大姑娘的問題可麻煩了。拉上布簾子是一種辦法，再不然就是男的先站在門外邊，等女人寬衣睡了再進屋。年輕人嫌擠嫌煩，天熱時就出去滿街閒蹓，把腿蹓瘦沒轍了才怏怏回屋睡覺。

我們的談話因另一位燙了頭髮也塗了唇膏的女乘務員前來換班而結束。返回原座，點上一枝煙，我在想：變了！毛澤東時代過去了。四人幫恐怖時期過去了。當年高舉革命大旗，緊握拳頭，高唱革命歌曲高呼革命口號，紮了兩條辮子滿街走的女青年過去了。文革十年浩劫，給中共留下了百廢待興，而政府也已經到了必須作出更大開放更大改變的時候。我所期盼的，倒不一定是女性們個個燙了頭髮、塗了唇膏、穿上半高跟鞋的現象，而是期盼著她們能有決定自己要不要燙頭髮、要不要塗唇膏、要不要穿皮鞋、要不要做甚麼、要不要不做甚麼，無需考慮後果，無需經過政府指令認可，更無需想到因明天某人得勢成為新領導人，而今天不知所措的那種起碼的自由——那種有人格尊嚴的自由。

到達上海虹橋機場是十三號晚上七時半左右。

下機後，佇立空蕩蕩的機坪上，環視四周，算上我們乘坐的，一共只有三架飛機。燈光昏暗。仰望夜空，一彎鈎月當頭，也是朦朦朧朧。唯一明亮的燈火，來自機場上唯一的建築物——機場大廈。我真不相信這就是三十年前全國首屆一指的上海虹橋國際機場。

從機坪上望不見市區燈火，當然更聽不見市廛之聲。獨立茫然之間，耳邊彷彿響起了四十年代金嗓子歌后周璇清亮的歌聲：

夜上海，夜上海，你是個不夜城。

華燈起，車聲響，歌舞昇平……

歌舞昇平固然是頹廢的象徵，可是，萬眾歡騰、車水馬龍、鼎沸人聲的場面，難道不是對欣欣向榮偉大的社會主義祖國的正面頌讚麼？為甚麼四下悄悄？這是上海，有一千萬以上人口的大城呀！我無語。月無語。風也無語。是了，「聲、光、化、電」，這正是上海，其實也是整個大陸各城所缺少的東西罷。聲，是指歡笑、清朗的人語和車喧；光，是被藍灰色沉悶單調的人民裝罩蓋住的鮮明色彩，和人民面上被鬱悒的低調生活奪去的健康活潑；化，是被教條化、官僚化、僵腐化的政治窒息了的自由化、民主化與科學現代化；電，是指通明如畫的燈火、萬紫千紅的霓虹色彩，和家家應有的基本電氣設備。

機場大廈的規模，彷佛早先臺北的松山機場候機室。而燈光卻不及後者遠甚。長方形的建築，僅止一層。磨石子地上沒有打蠟，澀滯得很。四周沿牆繞著小賣攤位。廳當中擺置坐椅七、八排，木製，面朝一方。坐在椅上，前面一堵白牆上，像電影院的大型寬銀幕，被一首毛澤東霸氣十足的詞（可惜忘了是哪首，毛的詩詞幾乎各機場都是整壁滿牆，記不清了）

填佔滿。字跡狂野潦亂而顯露自負，極是刺眼。古今中外，大凡自卑感深重的統治者，都具有剛愎、陰詐、毒狠、仇忌的錯綜性格，特別好大喜功，目中無人，不甘寂寞，於是殘民以逞。若說「詩言志」，和筆跡顯示一個人的性格，則毛澤東的詩詞和他的一筆字，倒真的名副其實。

坐下來，想不理毛澤東的霸氣都不成。中共做事，皆經過深思熟慮，刻意安排，沒有無心插柳柳成蔭一說。候機室裡民眾教育電影院式的安排也不例外。小紅書雖是絕了跡，牆上一個個斗大的字，卻連近視眼都可從容領「主席」昔日風騷。我把視線強自壁上移向擺在出入口的兩株橡皮樹盆景上，忽心有所感。億萬人民，豈非那盆中的橡皮樹一樣麼？胡思亂想著，一根菸已燃盡，這才發現大廳之中竟找不到一隻菸灰缸。無可奈何，只好用腳踩掉，乘人不備，偷偷踢到椅子底下去。「四化」的口號叫得震天響，可是機場候機室卻無菸灰缸。我不相信這是中共政府向國際友人表示中國人民沒有抽菸的惡習。歸根結底，只顯得一無準備，觀念落伍，完全不合乎現代化要求。可是，話說回來，一向喜充面子粉飾太平的中共，居然不顧國際人士笑話，而把這樣不合世界現代規格的機場對外開放，終算是「知恥是為勇」的作為。在他們的制度下，一聲動員，要說在半年之內趕出一個較能差強人意的新機場，並非做不到。而他們沒這麼做，也正解說了勢如燃眉，在各方面考慮後，在各種現實壓力之下，到底做出了事有輕重緩急的決定。停掉大而無當的原子爐發展計畫，延緩建設新型大鋼廠、化工廠，而把有限的錢移到補充民生日用品的生產方面去。只可惜浪費了三十年的時間、人力、財力，許多事本末倒置，再倒行逆施，鼓勵增加人口到人人自危，把人民勞力換得的財富去支援阿爾巴尼亞、越南那樣第三世界兄弟友邦（如今反目成仇），方始痛改，太晚了些。

登機續航，此去鄉關在望。

最後一程，我切實體驗到了「近鄉情怯」的巨大壓力。本來已經心情沉重，在上海又加添了新愁，此去怎能釋懷？要來的終於要來，認了罷。

抵達北京是夜裡十時十九分。踏上故鄉土地的剎那，不知何故，狂烈的心跳突然停止。沒有激情、沒有哀痛、沒有歎息、也沒有眼淚。但覺不知此身何處，夢耶？幻耶？寒風吹衣，夜色茫茫。我癡立在機坪上。

「走吧！」同伴之一過來叫我。

我低聲喃喃，不知晚風是否解語：「爸，我們到家了。」然後，整了整圍巾，朝著機場大廈走去。

一九八一、六、二〇・加州寄寓

不堪回首帝王州

邀請我們前往的主人——「中國作家協會」，有五位代表（三男二女）在機場迎候，序職序齒一一介紹握手如儀。女性之一的小何，年紀最輕，望之不過二十許。短髮齊耳根，深度近視，很是清秀修婷。我跟她最後一個握手，剛伸出去，她先笑了，說：

「沒想到你們幾位普通話說得這麼好，流利極了。尤其是您，一口北京話。」

我對她的恭維，覺得「卻之不恭，受之有愧」。就說：「別人說我一口北京話不算數，反正大家都南腔北調。今天，一個在這兒土生土長的北京人說我一口北京話，我聽了可太樂了。」

「是麼？上級派我來當翻譯，原想跟您幾位學學英語，免了罷。」

翻譯？聞言一怔。可不真的把我們當成外國人了麼？不禁倒抽了一口涼氣，心內學了京劇「武家坡」薛平貴回寒窰的道白，苦笑著對自己說：

「哎呀！莊某人呀！我今日才知道，你也是個外國人哪！」

背井離鄉，八千里路雲和月。儘管人在江湖，儘管基於工作需要入了外籍，可自始至終，從不曾拋棄「華夏苗裔」這條老根。飲水思源，發誓死了也不做番鬼。酒蟹居中日月長，說漢語、讀中文書刊報紙、事事關心中國，連燈下課子，也教他做個堂堂中國人。回臺省親探友數度，自己從未有「外國人」感覺，別人也從未視我為「外國人」。今日，甫下飛機，踏上故土，大廳之中，鄉音盈耳，好似盛夏噪起的一陣蟬鳴，如泣如訴。乍驚翻疑夢，震得我差些老淚縱橫，而竟被視為「外國人」！彷彿風雨之中飄搖的一株相思樹，霹靂一聲，連根拔起。「念天地之悠悠，獨愴然而淚下。」罷！罷！罷！別過頭去，任由一滴辛酸無主的淚水，滴落在故鄉陌生的土地上。

事有正反兩面。這「假洋鬼子」滋味雖不好受，哀悵唏噓之餘，卻也淚收心寬，不禁綻開笑容。原來拜「外賓」身分之賜，免了入境海關嚴格檢查手續，不必一一申報，待翻箱倒篋後再狼狽重整。只見方便大門一開，原封未動的行李，就由兩個力壯手快的青年拎上了「麵包車」（小型巴士，狀似吐司麵包一節，故而得名）。於是，主客一行，從從容容，在無數隻雪亮的人民眼睛中，以「原來如此」的尷尬，魚貫登車。

機場在東郊。而我們下榻之處的「友誼賓館」在西郊，兩地相去甚遠，車行需半小時許。機場路筆直修長，兩旁是黃土墩。墩下有溝坎，墩上植白楊，春來尚未發葉，枯枝滿樹，極是森寒肅殺。冷月之下，更添一份淒迷茫遠。不時有拉草料的大車經過，老馬蹇步，趕車人戴著厚遮耳氈帽，攏手斜臥，身子瑟縮在厚棉衣裡。不知是因為料峭凜風，抑是早將滄桑動亂看飽，都是閉了眼睛，幽幽然彷彿在做著故都春夢。這些善良百姓，浩劫倖存，大難未死，猶自表現逆來順受、聽天由命的溫馴，任由玩弄政治權術的野心家，像洌風割面一樣，肆意地摧殘。想起了美國成天不滿現實、一味爭取切身利益、開了拖拉機在城鄉府前道上示威遊行的農民，這對照何其強烈，我不禁憤恨狂怒了。

行罷機場路，過三環路，與建國路相銜，此時路面陡然寬廣。寬廣得大而無當，鮮見馳車，也迤邐不見盡處。壯觀氣派則是矣，但有冷落荒涼之感。車過天安門，東、西長安街，王府井大街，這一帶是北京炫耀於外人之地。所謂五十年代的十大建築，大都匯聚於此。這時，沉默了片刻的主人，又都精神抖擻起來，紛紛向我們介紹著各建築了。有人說，中共三十年都市建設，就只建了個北京市，其他地方都一仍原舊，殘敗得很。我後來在所去的幾個城市，證實了此言百分之八十五以上的可信性。這是後話，暫且不表。

到達友誼賓館已近子時。各人分房就寢。

此行路上一直提神揪心，透支體力。在進房之後，剎那間一切趨於靜止，坐下來，獨對客舍孤燈，一腔鄉情，彷彿香檳酒般，奪瓶噴出。前思後想，四十年來家國，三千里地山河；

一世流浪歲月，半生大夢南柯。今夕何夕，斗室空寂，無人與訴，不禁悲從中來。也罷，既來之，則安之，傷神動情的事，還在後頭呢！睡足了好明天面對現實，現在自先亂陣腳方寸則甚？心一橫，乾脆關燈睡覺。

許是真的乏累了，竟和衣而臥。就在將近夢境而未入之際，依稀聽見狂風突起，其勢勁疾；飛砂走石，窗震壁撼。嘷嘯之聲淒愴駭人，一似無數冤魂怨鬼，扣窗對我申哀泣訴。唉，我除了能給他們一點取之不竭的同情之外，還能做甚麼？我有筆、有紙、也有時間、也可以寫，但是，我應該先聽誰？先寫誰？從何寫起？又怕辭不達意，何況，我自己也如此疲瘁了。好了！好了！我知道了！我懂我懂。安息罷！

未來之前，就告訴自己，此行原則是：一不必厚古，二不必薄今，三不必隱惡。我將用眼睛照相，用耳朵錄音，用心評審。我雖然不是學科學的，但是我的良知是科學的。至於情感，最其不易掌握，容或稍有主觀，自是難免。但絕不以情傷理，違背原則。比方說，古人可以神交，卻不必支付我的關心；今人雖已作古，功過自有公論。達人明君其察之。

既有代父還願之責在身，北京有三地為我勢所當往：戰前我家故宅舊巷、北大和故宮。但我深知此行係應邀作客，諺云：「客隨主便」，活動日程悉聽安排。故只能在出入集體行動的大原則下，伺機而為，以了心願。

十四日，清晨六時許醒來。跟送熱水瓶的年輕服務員打聽白米斜街在哪兒。

「哪兒？」

「白米斜街。」我重複了一遍。

對方怔住。稍頃，反問我：

「您有親友在那兒？」

「沒有。要不我就不問了。」又補了句：「我家以前住在那兒。」

「多久以前？」

「抗戰以前。」

「噢。」對方並未回答我的問題，轉身欲退出。

「再跟你打聽另外一個地方。」我趕緊叫住。

「？」

「簾子庫胡同。」

「您家裡以前……」

「對了。以前也住過那兒。」

「不知道。您再問問旁人罷。」

吃早飯的時候，我問旁人，一位餐廳裡的女服務員。得到的答覆是：「您買張北京市地圖找找。再不，叫輛汽車去不就結了？」

意見很好，邏輯性強。但，不知怎麼，我總覺得這不是我所期待的答覆。也許可以這麼答覆，「知之為知之，不知為不知。」尚且還提供意見。不過，許是自己是外人，只有一個感覺：挺衝。遂不禁想道：是上級有所訓示，只讓他們對「內」——在賓館裡，向外賓提供服務，對「外」一概不予理會？還是社會主義教育成功了，使得新中國的人民，尤其是年輕人，言行之間有漢唐盛世軒昂之風，對外人採取一種亢而傲的態度；而在工作方面少說多做，勤謹心無旁騖？還是革命教育完全失敗，多一事不如少一事，連北平人一向固有的美德，和氣禮貌的優良傳統，也不幸給革掉了？我搞不清。

三年以前，我一位同事，老北平，二十八年後遊子還鄉，正值四人幫剛被一網成擒，人民大舒心中邪火的時候。他回到中學就讀的母校參觀，男學生坐在牆頭上嗑瓜子、抽菸、罵大街、對女生淫言穢語。擠公車的時候，人人爭先恐後，滿嘴粗話。街上行人吐痰若口技表演。一股乖戾之氣，全發在四人幫頭上。這樣的作風即使不對、不好，終情有可原，憋得太苦太久了。可是，四人幫已經做了三年箭靶子，至少青年人應該改邪歸正，積極向上了。而事實上這正是大問題癥結之所在。那麼，便該刨根問底，新中國的革命性社會主義教育是否成功。

訪故居舊里一事不得要領，倒引發感想一堆，暫且擱下不表。好在當天主人宣佈即日下午參觀故宮，心中悵惘於焉稍釋。

故宮博物院戰前正式名稱是「國立北平故宮博物院」。以整個故宮為院址，因以得名。藏品皆清宮原有書畫器物。父親民國十三年自北大卒業，即在「清室善後委員會」（故宮博物院前身）參與點查宮中收藏工作。民國十四年，博物院正式成立，父親也正式編入院中工作人員。其後，文物自二十二年起南遷，先江南、後西南而又返江南，最後搬到臺灣，他都人隨物移。一直到民國五十八年，自副院長職位上退休，服務故宮畢生，歷時凡四十五載。其生前唯一憾事，是未能有朝一日，躬逢其會，再隨文物還歸故宮原址。代父還願也者，我身臨故宮，他老人家既靈附我身，算是死後憑弔故宮之謂也。雖然皇基舊業，早在不斷的革命洗盪下消散風逝，「新中國」的一切他也定然陌生異常，「不堪回首帝王州」，見了也就死心了。

當年故宮對外開放，參觀路線共分五條。入宮後，即使不看文物，要走遍各處，一天時間尚且不夠。而我們這次總共只有三小時工夫，休道「走馬看花」，簡直是跑馬看花了。我情知不能細觀，決定抓重點。除了幾個主要大殿外，只看文物（尤以書畫為主）。剩下的時間，則從旁觀察、照相和發思古幽情。

書畫陳列在「繪畫館」。所謂陳列室，共得七、八間。窄長一列相連，很是簡陋。各室中也沒有值勤工作人員，倒是自由得很。讓人失望的事是，展品多係複製，原件極少。不僅如此，展品竟無明以上各代作品，更無大家手筆。最好的一幅要算是明人吳偉所繪〈武陵春〉圖（武陵春者，名妓齊慧真之別號也）。此外，明張路〈吹簫女仙〉及〈仙女鳳凰〉二軸，明人〈洛神賦〉小幅，及清人金禮嬴繪〈李清照像〉等較佳，餘不足觀。

一路看去，才發現展品泰半係仕女圖像一類，卻又未見「特展」字樣，正不知何故。巧合？不可能。我倒可能是深受中共作事沒有無心插柳一說的影響，又異想天開的要找證據了。證據的確有，不然，哪兒有那麼多巧合！

畫面上的女人，個個柳眉朱唇，桃腮粉面，雲髻半偏，慵懶嫵媚。有的更含情脈脈，這不正是社會主義教育的反面教材麼？社會主義新中國是沒有妓女的（中共自己說的，解放頭二十年容或如此，但，近來由於觀光開放，私娼活動頻繁的事已偶有所聞了），新中國的女性個個都明朗健康，有獨立自主的人格，積極工作，參與大業，有不讓鬚眉的氣概。

不但這樣，當我細看了金禮嬴繪的那張〈李清照像〉上的題詩之後，又多了一層認識。畫上的李氏，側首凝睇，纖指撚花作嗅聞狀，愁鎖眉尖。題詩為：

自是愁人怕說愁，眉頭纔下又心頭。無情幾陣黃昏雨，攪得飛花不自由。
天壤王郎恨未平，桑榆回首淚空橫。才華到底成何物，誤盡男兒又誤卿。

中共「含沙射影」、「指桑罵槐」、借批林批孔以批周的種種作法，我真是深得其要。在他們的課本上，連家喻戶曉的牛郎織女神話和景陽崗武松打虎的水滸故事，都賦予新意，作了政治教材（織女是因為在天堂沒有自由，受了王母娘娘迫害，為了爭取自由而到人間匹配牛郎。織女者，革命新女性樣板也；王母娘娘者，宗教象徵，資本主義剝削階級猙獰嘴臉也；牛郎者，新中國無產階級，社會主義中自立更生、奮鬥不懈、勇往直前之青年樣板也；武松者，偉大的社會主義新中國英雄人物象徵也；吊睛白額大老虎者，腐化的資本帝國主義紙老虎也），「古為今用」，更是「上綱上領」的事，那麼，這兩首詩正合乎原則，該感謝偉大的古代勞動人民藝術家所創造的這具有時代意義的文化遺產了。如果按照中共一向行事方式，我這樣說，既不是強詞奪理，也不是牽強附會。相反地，是言之成理，非常巧妙的。不信，我說說，您聽聽。

「無情幾陣黃昏雨，攪得飛花不自由」兩句，我的註解是：雨，指四人幫陰魂未散之「凡是派」、「極左派」阻撓勢力。黃昏雨，喻猶作負嵎頑抗也。無情，猶言不體恤人民心情及當務之急。飛花，喻以鄧小平為首，要把「四個現代化」堅持到底，把經濟搞上去，視提高人民生活水準為鵠的，重於奢言政治思想的「實際派」也。這兩句詩的白話翻譯就是：

> 你們看，就是這些蠻不講理，不顧大局，不管人民死活的黨內絆腳石——凡是派、極左派，擾得我們實際派的當權者，也不能放開手幹，把四個現代化搞上去。

出了繪畫館，已是紅日西斜。陪同人員不待我開口，搶先說：

「怎麼樣，『偽品』（指複製品）太多是不是？故宮的好東西都在臺灣。我們這兒剩下的一點精品，不得不善加珍視，都收藏起來了，經不起再破壞了。」

對方所言甚實甚是，我也無從說起。國民政府遷臺，的確把國寶也帶走。對整個偉大的民族遺產來說，留下來帶不走的，也確是糟粕無疑。好在運臺文物，終算沒有一直在山洞裡躲躲藏藏，外雙溪建立了正式的院址，政府也花了相當龐大經費。博物院的建築雖無法與北京故宮相媲美，但古物有了託身之處，以現代化的眼光看，可稱得是中國有史以來最現代化的大型博物院了。儘管如此，我心中總還是有些遺憾。打個比方吧，好似家族分家，有人得到家中貴重東西，遠走高飛，有人獨留空房一幢。想到此，一絲惆悵浮起，便說：

「可是，你們有不斷新出土的舊文物，臺灣可沒有。我好有一比，」我說。

「怎麼說？」對方不勝蹊蹺。

「在現階段，這叫做『靈肉分家』。有朝一日，臺灣故宮文物能重返北京，在故宮各殿永久陳列，魂歸本體，那就好了。」

「莊先生真幽默。說實話，我們也的確盼望著那麼一天。」

我們信步來到太和殿前。放眼望去，皇皇堂殿，氣勢非凡。金黃色屋頂浴在夕照下，透著些蒼涼。想著大明隆昌，有清康、雍、乾盛世，威揚天下，萬邦來朝，而今呢？「國破山河落照紅」！站立在廣寬氣派的殿前庭地上，灰撲撲的殘磚破石，滿目瘡痍。撫今追往，只換得低沉一聲長歎。

到了小九龍壁前時，身後傳來一陣孩童追逐嬉笑之聲，自遠而近。回頭一看，但見氣喘喘姐弟三人向我奔來。最小的弟弟，不過五歲左右年紀，一個箭步搶到我身邊，猝然抱住了我的兩腿，仰著小臉央求：

「大叔，給我們照張相，行嗎？」

一聲大叔，叫得我心跳血沸，熱淚盈眶。原以為偌大中國，早已無我容身之地了。頂著「外賓」的十字架，徘徊在故鄉十字街頭，而一個小小幼童，竟然視我為鄉親長輩。其喚聲真摯出於肺腑，怎不令人痛斷肝腸，五內如焚！

「來！」我興奮得打開相機。蹲下來，拉著他的小手說：「大叔跟你們一塊兒照，好不好？」

陪同人員被這突發事件弄得不知所措，語為之塞。正要揮手把三名孩童驅散，我就勢把相機放在了他手裡。

「勞駕，給我們來一張。」

孩子們嬉笑著追逐著遠去了。但，這一聲大叔，也叫回了我四十餘年久矣飄逝的童年。我在他們的年紀，正值外敵入侵，華夏蒙難。憂患煎人的歲月，喪亂流離。雖則我的少年、青年時期在臺灣生活了一段安定日子，可是，我沒有他們的幸運，至少能在故鄉不必再受流離苦難了。繼而再想，他們的少年、青年期，將在何種歲月中渡過，尚不可預卜，也覺悵然。盱衡大局，自我父母一代以來，甚至百年來，中國一直在不斷動亂、分裂，多少喪失、多少苦悲、多少淒涼！九州一統，沒有政治上的狂風巨浪，國泰民安，只要豐衣足食，人民不再離散，萬眾一心，和平建設，恢復漢唐大業盛世，難道真的永無可能嗎？一個真正屬於人民的政府，真正令四海歸心的政府，難道就不可能出現嗎？中國人民，一代一代茹苦含辛，捱煎忍熬，冀望將來，何時方了？

五星紅旗，迎風飄揚，勝利歌聲多麼響亮。
歌唱我們親愛的祖國，從此走向繁榮富強。
越過高山，越過平原，跨過奔騰的黃河長江。
寬廣美麗的土地，是我們親愛的家鄉。
英雄的人民，站起來了，我們團結友愛堅強如鋼。
東方太陽，正在昇起，人民共和國正在成長。
我們領袖毛澤東，指引著前進方向。
我們的前途萬丈光芒。

這是五十年代大陸上人人會唱、家喻戶曉的〈偉大的祖國〉一曲的歌詞。可是，三十年來，這首歌早已為人民所遺忘、所揚棄了。我們親愛的祖國，是真的「從此走向繁榮富強」了麼？沒有！動亂迭起、反右、反左、三反五反、大鳴大放、大躍進、文化大革命、批林批孔、四人幫……親愛的祖國是民生凋敝、文化破產、社會落後、冤死無計、幾幾乎萬劫不復了！英雄的人民，是真的站起來了麼？沒有！妻離子散、家破人亡。文革以後，四人幫垮臺以後，人民大夢初醒，社會主義在人民心中破了產，共產黨的威信掃地；連幹部帶人民，只為切身著想，自私自利，媚外崇洋。民無信不立，民無教民無恥則國必衰，誠令人傷痛太息。「團結友愛堅強如鋼」，是麼？不是！毛澤東一意孤行、排除異己、迫害知識分子；黨內爭權、互相殘殺；文革恐怖時期，人心惶惶，不知何時禍從天降；彼此猜忌，但求自保。如今大家敷衍懈怠、不負責任、搞關係、走後門，一盤散沙！「我們的前途萬丈光芒」？唉！能苟全性命於亂世已是大幸，過一天算一天，明日陰晴未定。烏雲長蔽日，萬丈光芒自何來？幸虧毛澤東死了，否則，任四人幫猖獗胡為下去，則毛澤東指引的方向，乃是死路一條，亡國！三十年來，寬廣美麗的土地依舊、河山依舊，可是，中國是個甚麼樣的中國？中國人民，善良的老百姓，他們得到了甚麼？

「俱往矣。數風流人物，還看今朝！」這是毛澤東〈沁園春〉中霸氣十足的詞句。曾幾何時，他不再是風流人物了，他是人民伸出五根手指，口中叫著「四人幫」不列名的黑幫老大！中國的未來，只能在安定中求進步，痛定思痛，痛改前非。不要再空談任何口號，不要再唱任何高調，不要再以空言誘引善良人民的期望，也不要再無恥貪婪地鼓動善良人民有限的愛國狂熱。實事求是，抽掉黨氣，捐除霸氣，去掉官僚氣，開誠佈公，取信於民。一步步、一滴滴，在百廢待興的廢墟上重建家園，則庶幾乎國家幸甚！人民蒼生幸甚！中華歷史文化幸甚！

「數風流人物，還看今朝！」風流人物絕不能再是一個「人上人」如毛澤東的獨夫霸主，而是一個政治上軌道的集體領導，建立在仁民愛物而非予取予求、大公無私真正為人民服務的合理制度上。還看今朝？等著瞧罷。

翌日遊長城、十三陵。上午九時出發，天朗氣清。途中有人提議唱〈長城謠〉，眾人附和。這首曲子，我在抗戰時讀小學三年級就會唱。當時沒有特別感受。漸長以後，特別是到了臺灣，離鄉越遠，體會越深。等到避秦寄寓海外，「日暮鄉關何處是，煙波江上使人愁」，長城變為精神文化認同的脊柱了。人入中年，與朋友年節聚會，歡樂之餘，酒入愁腸，難免有人不請自唱，其聲蒼涼，已經成了我又怕唱又每次必唱的一首歌。這次同行朋友，皆已中年，一曲唱罷，竟為之默然良久。

長城上人潮擁擠，朔風野大。縱目遠望，一片莽莽蒼蒼，山巒起伏，黃埃千里。我一口氣爬上了八達嶺長城最高點的烽火臺。臺上有日本青年男女觀光團一隊，數人手提電晶體無線電錄音機，正播放著東洋歌曲。想著這〈長城謠〉乃是當年由於日寇侵華，一群東北鄉親流浪逃亡關內思鄉之作。目前有日人囂張踏在長城之上，軍閥鐵蹄，燒殺姦掠，血染山河的歷史猶新，而今竟又改成了汽車收音機的變相經濟侵略。八年抗戰中國勝利日本投降，戰勝大國貧困落後，戰敗小國今天卻成了實力富厚的世界經濟巨霸，真是令人扼腕。欽羨別人，反觀自己，憤恨之氣難消，歷史無情竟有如是者！

自長城歸，又是黃昏。我提議繞道去北大一看。

陪同人員似乎早就猜出我的心意，未作可否地說：

「現在的北大已經不是您老太爺當年上的北大了。」

「那麼，可否去憑弔一下老北大？」

司機小戴自告奮勇說：

「要去沙灘，反正離琉璃廠不遠，乾脆一趟下來了。」

正待相謝，小戴出奇不意語帶幽默地對我說：

「您等會兒可能會有點失望。原來沙灘的老北大紅樓，這會兒是文化部和紅旗雜誌社了。」

文化部尚且說得過去。《紅旗雜誌》乃黨八股宣傳品，就不免有些糟蹋當年北大學術思想自由、人格完美教育宗旨的清白了。心裡這麼想，可沒說甚麼。雖如此，到了的時候，我還是下車，在當年蔡元培先生那間校長辦公室前攝影留念。

由於時間緊迫，晚七時在仿膳有飲宴，必須先趕回賓館沐浴更衣。陪同人員一再懇勸，千萬「掌握」時間，在琉璃廠只有一小時逗留。

車甫停穩，七人爭先躍下逕奔書店。在「中國書店」瀏覽，文學類書籍皆解放初期正體字鉛版重印。字跡細整清麗，封面也甚雅致。泰半係這一兩年供應的。

「這類古典文學的書出得多些了罷？」我問一位五十歲左右、戴了付近視眼鏡、面容清癯雍雅的服務員。

「可不是。早該印囉！要出的書太多，排不上。」

「這類書，有多少人買？」

「挺不少。實實在在的，總比些瞎胡鬧的書強。您說是不？」

展露一口雖不甚整齊但潔白無疵的牙，文文氣氣。一口京片子，有北平人的幽默。有書卷氣。

順手自架上抽了十六冊，一落擺在桌上。

「您慢慢看。我這兒先給您算算。」

「慢慢看可不成，時間有限。還得去逛逛別的書店。」看錶，這麼一會兒工夫二十分鐘沒了。

「榮寶齋您去了罷？紙、筆、墨、硯甚麼的，得買點兒唄！」

一轉眼，端了杯熱茶來。

「您甭急，時間多得是。今兒看不完明兒再來。來，喝口熱茶，新沏的。」

自小就聽父親和師長談說北平買賣人的客氣勁兒，今始身驗。真讓人渾身舒服，兩日來的壓抑之感為之盡消。

「您抽根菸。」又遞上一根「大前門」。此菸質量不佳，我已試過。但如此鄉親如此情，乃欣然接受。沒想到革命、動亂、浩劫三十年，北平的文化氣到底還是有人保下來了。只要有一人保了下來，就不怕再播種不抽芽。

越想越興奮，又照顧了兩本。合計，連上寄費，約人民幣一百二十餘元。

當晚仿膳宴罷回賓館。沐浴後，在燈下翻閱晝間所購高平叔編著的《蔡元培年譜》，信手摘錄數則，並略抒所感：

一九一八年——民國七年、戊午、五十二歲。先生就職北大校長次年，九月二十日，在北京大學開學式發表演說：「大學為純粹研究學問之機關，不可視為養成資格之所，也不可視為販賣知識之所。學者當有研究學問之興趣，尤當養成學問家之人格。」

感想：民國新制大學成立以來，總有政治介入。「大學為純粹研究學問之機關」，陳義雖好，或太理想化了。在臺灣升學主義的現象下，大學不幸幾純為養成資格之所——就業出國資格養成所。教員中販賣知識——各校兼課、利用教授名義著文翻譯端為牟利，而非為真正學問之講授者，大有人在。有研究興趣之學者更不多。學問家之人格不談也罷。中國大陸上大學因文革停頓十年，工農兵當家，以黨領導，一切免議。

同年十二月十日撰《北京大學月刊》發刊詞。闡明：「大學者，囊括大典，網羅眾家之學府也。哲學之唯心論與唯物論，文學美術之理想派與寫實派，經濟學之干涉論與放任論，倫理學之動機論與功利論，宇宙論之樂天觀與厭世觀，常樊然並峙于其中，此思想自由之通則，而大學之所以為大也。」

感想：思想自由在中國一直被視為禁忌，距蔡先生的「思想自由通則」相去遠矣。

一九一九年——民國八年九月二十日，先生在北大第二十二年開學式上致訓詞。重申「大學並不是販賣畢業的機關，也不是灌輸固定知識的機關，而是研究學理的機關。所以，大學的學生，並不是熬資格，也不是硬記教員講義，是在教員指導下自動的研究學問的。」（《北京大學月刊》一九一九年九月二十日）

一九二一年——民國十年二月十四日，先生在《北京大學月刊》發表〈何謂文化〉一文。稱：「文化是要實現的，不是空口提倡的。文化是要各方面平均發展的，不是畸型的。文化是活的，是要時時進行的，不是死的、可以一時停滯的。」

感想：文化大革命，橫斬知識，造成十年甚至一代教育文化真空，思之髮指。由馬列主義毛澤東思想領導一切，文化定然僵死。

一九三二年——民國二十一年十二月三十日，為民權保障同盟舉行中外記者招待會，蔡元培在會中發言稱：「我們所願意保障的是人權。既同是人，就有一種共同應受保障的普通人權。所以，我等無黨派成見，無國家的界限，對於已定罪或未定罪的人，亦無甚區別。」

感想：「民權」一直是滿清被推翻後，為中國人民所渴望、所爭取，在中國大陸卻尚未如願。

蔡元培先生不但是北大歷任校長中，最孚人望、最受尊敬、人格最高、最有胸襟器度、最有學養膽識的校長，也是中國近代了不起的偉大教育家。當今臺灣與大陸，無可與之相較者。闔書臥床，思潮迭起。中國！中國！何時能再有如蔡先生者第一流大教育家出現，而政府能兼容之、禮敬之、請益之，在他那種自由思想、人格薰陶教育之下，造就出成千上萬真正為國家為人民為社稷謀福的棟樑之材？

正凝神思索之際，電話忽響。接聽之下，大喜若狂。要來看我的不是別人，乃當年大學莫逆至交景新漢君之妻傅筱燕也。此次知悉我訪問大陸，特自山西太原兼夜上京相會。我友因痔疾住院治療，行不得也，因囑夫人代表前來。我與筱燕十八年不見，今人在樓下，於是急請登樓。

敞門恭候。乍相見，對方一聲「莊因呀！」竟哽咽欲泣了。此事說來蹊蹺，讀者或有不明，願贅數言交代。

吾友新漢先我一年出國。來美後，因思鄉心切，又憧憬於社會主義，不顧臺灣高堂白髮，遂於一九六六年攜妻雙雙投奔大陸去了。從此一別音容兩渺茫。去年五月春暮，吾友隨山西省文化代表團來美，擔任翻譯。過舊金山時，居然探出我家電話。於是當夜即驅車去柏克萊其下榻旅館相見。不談政治，情誼似昔。夜飲話舊，我曾即席口占一詞相贈，調寄〈鷓鴣天〉：

逝水飄雲十六年。柏城再見鬢先斑。舊容鏡裡傷春老，新客盃中喜興酣。
蓬萊事，去如煙。山河雷雨換人間。九州未定天涯遠，大業功成醉太原。

後兩句謂彼此預期有朝重逢之日，然未可卜也。

筱燕說，他們有意出來走走。當年狠心撕碎雙親照片，以示決心「回歸」之堅志。文革大亂，飽受苦辛，都不必談了。如今二人皆在大學服務，工作努力，收入不錯，且甚受器重。文革之後，周恩來未死之前，跟他們同時海外回歸的一批朋友，不少負創失望離開大陸，還我自由；而新漢堅持不走。如今大難過了，竟轉意回心，有所不解，乃問因由。

「政局不定，國內情況很不明朗。目前大家自私自利，毫無熱情。長此下去，所為何來？二則獲悉父母最近患病，思親情切，傷痛難忍。」

人非草木，何況親情？吾友遭遇極似白樺筆下〈苦戀〉中人物，他為祖國付出了忍棄爹娘的代價，而祖國相對的給了他甚麼！

北京四日，匆匆過去。十八號下午一時告別故鄉，轉往西安。唯一憾事是我家故宅舊里未能一訪。我曾三次作過努力，問之於人，連陪同人員都沒一個人知道。「北京的斜街非常少」是得到的最多的答覆。言下之意：沒聽說過。其實，也怪我行前太大意，心想新的路名本來就沒人願記；而且，近年來新路名又都「平反」了，老北京這下子可樂了，還不把全北京大街小胡同的名字數著說過癮嗎？聽說北京人還有一個能耐，以記住大小胡同名字多少為誇示地頭熟的本錢。由於樂觀過甚，未先查考，竟因小失大。回來之後，查陳宗蕃《燕都叢考》，我家故居二處，都有記載：

內城地安門外循皇牆而西，為不壓橋。橋北為十剎海。其東為白米斜街，張文襄（之洞）故宅地也。

黃化門中間路北有南北胡同，名簾子庫。

其實，沒去也好。倘只知故宅所在胡同，卻不知故宅為哪一家，即使去了，豈非枉然？再說，果真去了，看著殘破不整的大雜院，也是觸景傷情。

此行也有所獲：帶回故宮大殿前庭中殘磚一塊，故鄉春泥一撮。前者將攜返臺灣，置於先父墓地，慰其生前有願未了之愁思；後者將分為二份，一半將遍灑先父墓土之上，客死既不得歸葬故里，求其孤魂有托，冥域再無無地埋憂之恨。另一半則存於酒蟹居內，用為信物。有生之年，倘得見九州一同，必當白髮返鄉，以全落葉歸根，永為中國人之志意。

另有祝福一願：願自由色彩、歡樂色彩長現鄉親面上，願那以藍灰色人民裝為基調的「藍色時期」早日結束。

一九八一、六、二七・加州山景城酒蟹居

長安不見使人愁

從一個帝王之都飛向另一個帝王之都，結束了個人的「小我」還鄉之旅，而開始了民族文化的「大我」回歸之旅。

一小時又半的航程，空間上，把我自北京帶到了西京；時間上，我則自近古而中古而上古，由清、明、元而唐、漢、秦而周代而返回遠古新石器時代。不僅如此，由於北京的春天完全被肅殺森寒的秋天罩住，到了西安，才覺得真是春到人間，特別是文化上的春天。

主人為我們安排的下榻之處「人民大廈」，位於市中心核臟地區，旁邊就是「陝西省革命委員會」（中共去年已通令廢除此名，恢復文革前的「人民政府」名稱。陝西在中共發展史上自有其特殊重要性，是否為了紀念當年「革命聖地」，飲水思源，還保留了較為豐富的革命感情，而不願驟改，則不得而知。我以為，這多少反映了毛澤東時代過去之後，中共內部的分裂性。比方說，〈東方紅〉這首歌曲，文革如火如荼時期幾乎取代了〈義勇軍進行曲〉為國歌，但此次旅行，我只在西安城報時鐘報時的時候聽到）。此廈高六層，環植柳樹。翠綠初燃，瀏亮悅目。真的是「客舍青青柳色新」，焚去了故鄉四日心中的壓抑感，頓覺暢爽無比。

由於在西安只有不足兩天的停留，而該地之古蹟名勝又多不可計，勢須抓緊時間，分秒爭取。所以我們一放下行李，就立即開始遊覽。

當時已是午後三點剛過，故決計捨遠求近，先去郊區及市內勝地四處：驪山、大雁塔、碑林及興慶公園。

自賓館東行折南向，出和平門（城垣猶在）經雁塔路，車行約二十分鐘，逕達大雁塔底。此塔建在唐代長安晉昌坊慈恩寺內，故又名慈恩寺塔。慈恩寺為太宗貞觀二十二年，太子李治為了追念母親文德皇后而修建。當時名僧三藏法師玄奘自印度遊學歸來，攜回佛經六百餘部，為便於保存，乃上奏朝廷請建此塔，而所奏蒙准。一個和尚上書，天子准其所請，也可以看出李唐泱泱大國宏恢之氣。

唐高宗永徽三年（公元六五二年），此塔建成。共五層。武則天改為十層。後因兵燹破壞，僅餘七層。五代後唐明宗長興年間曾重修一次，現在的塔身基本上是據此再加修葺的。塔呈方形角錐狀。連同枋、斗栱、欄額，均由仿木結構之青磚砌成。每層砌有突出磚柱，四面有磚券拱門。旋梯而上，共得二百三十八級。整個塔造型簡潔，氣勢穆偉。

入慈恩寺遺址大門後，細沙地的庭園深而闊。平整的石磚路一條中分，直通大殿。磚路左右兩側有鼓樓鐘樓。通過大殿，乃小庭一方，穿庭而至二殿。大雁塔則聳立於殿後四、五丈遠處。

我率先登塔，直上最高層。極目北眺，一望無垠的渭水平原，黃埃散漫，盡收眼底。這裡就是中國早先土壤肥沃、農業發達、文化隆興的關中地區了。《史記・貨殖列傳》：「關中自汧雍（按，汧水源出陝西隴縣之汧山，雍水源出陝西鳳翔縣西之雍山，皆東南流入渭水）以東，至河華（按，指黃河、華山），膏壤沃野千里。自虞夏之貢，以為上田。」因為這是古代全國最富庶的大盆地，故太史公又說：「關中之地，于天下三分之一，而人眾不過什三，然量其富，則什居其六。」地大物饒而無人口問題，正是富民強國先決條件。何況關中一帶形勢天成，「左據函谷二崤之阻，表以太華終南之山；右界褒斜隴首之險，帶以洪河涇渭之川」（班固〈兩都賦〉），難怪「秦中自古帝王州」，周、秦、漢、唐盛世局面大開，為華夏文化輝煌時代。

把瞳孔拉近，下望西安，斜暉塵霧兩不分，渾渾蕩蕩，風急天低，似真似幻。我彷彿看見了新石器時代半坡遺址上環坐的人民，為慶豐年歡樂，傳著彩陶酒壺暢飲的場面；在杵歌之聲漸然隱去時，未央宮如海市蜃樓，於煙靄之中冉冉浮起，絲竹盈耳；代之而興的是昭陽殿裡的如畫華燈和霓裳羽衣舞隊翩飛。「三月三日天氣新，長安水邊多麗人。態濃意遠淑且真，肌理細膩骨肉勻。綉羅衣裳照暮春，蹙金孔雀銀麒麟。」皇族貴冑遊春，柳枝輕搖，佳人巧笑發自曲江水渚。我看見了來自朝鮮、越南、日本、印度、波斯、大食、東羅馬……三百餘國（據《唐六典》所載）的使節外賓，鴻臚寺、禮賓院中接待不暇的盛況。長安市上，酒旗高挑，百業繁榮的景象；紅男綠女、胡商大賈市易熙攘的熱鬧。驀然，「漁陽鼙鼓動地來」，「九重城闕煙塵生」。動亂起、干戈舞、喊聲喧，「千乘萬騎西南行」。我看見了明皇奔蜀的狼狽；塵埃平落，火熄煙消，「田園寥落干戈後，骨肉流離道路中。」我看見了杜甫筆下〈無家別〉的殘敗荒涼圖景：「寂寞天寶後，園廬但蒿藜。我里百餘家，世亂各東西。存者無消息，死者為塵泥。賤子因敗陣，歸來尋舊蹊。久行見空巷，日瘦氣慘淒。」我也聽見了孑身怵惕北征的杜甫，不時把家國命運緊緊牽繫一起，感懷憂心所發出的聲聲低沉的嗟歎。內亂頻仍，殺伐迭起，我看見以黃巢為首的賊軍陷長安，火光燒天，歷久不熄。幾代繁華的名都，終而雲煙消逝。斷垣殘瓦，只留下一片廢墟。黃昏、悲風，我看見昭陵下有人徘徊、太息、咽泣。

辭別大雁，登車續行。出東門去臨潼驪山。城在東北向。

華清池在驪山之麓。驪山海拔一千二百五十六公尺。山腰有老君殿，再上有烽火臺、石甕寺，飛瀑旁出，驪山由是分為二嶺。山上滿被青松，美如錦繡。夕陽西下時，山色特麗，故驪山晚照飲譽關中八景。因為時間太短，我們也只能在山下抬頭瞻仰而無從攀登攬勝。

既已身臨，不能不去看當年楊貴妃「溫泉水滑洗凝脂」的華清池。所謂貴妃池，不過留下死水一塘，但供蛙蚊棲息。於是沿池信步尋溫泉水源。源在幽巖之下，依山建有閣臺。水源外設木柵門，上鎖，只能隔柵窺看。但見清水一泓，寂寂無聲，我心清涼。

自驪山折返市區，先遊興慶公園，沈香亭之所在地也。

公園依湖而設。湖分東西，一橋隔開。沈香亭在東湖東岸上，過牡丹橋即至。亭為明代依原址重建，高兩層，綠瓦朱柱。四面有隔扇門，漆已斑剝，但門皆關閉，無法入內。亭外四周設白玉石雕欄，亭在小坡上。此亭雖非原物，仍不免令人生情。歷史文學，纏綿悱惻，一時湧上心頭。「解識春風無限恨，沈香亭北依欄干。」原想效古人依欄憑弔，可惜北面欄干上有幾個軍人坐息，而東西面欄干上早有遊人佔據，只好在南面欄上攝影一張。但四周遊人談笑盈耳，嗑瓜子聲嗶嗶剝剝，跟老美口嚼泡泡糖而後吹炸同樣擾人，思古之情無由引發，乃悵然離去。

環湖漫步一周，忽聞遠處有美國黑人音樂聲傳來。循聲追尋，但見柳蔭下坐椅上蜷曲側臥一青年，頭前放置大型卡式收音機一提，樂聲散揚，閉目安祥。不知此青年是在現代化旋律中懷古還是撫今。

趕至碑林（陝西省博物館所在地），正好五點半剛過，大門已關。陪同人員落車與管理員情商，說是外賓遠客，慕名趕來，倘若今日向隅，明日赴他處觀覽，怕沒有機會再來了，請開方便之門。管理員手指參觀時間牌示，搖頭表示無法通融。此時西安文聯代表再為說項，欲以鄉音動之，仍不果。這是「外賓」的牌子首度吃了閉門羹。我耳聞目擊此事，頗有感觸。中共閉關時期，對外賓冷漠敵視，更倨傲凌人；近年門戶開放，有求於外，又採低姿，對外人優渥禮遇過分。這都反映了自己中虛失據，不是常態。漢唐泱泱雍容流風，真是失之久遠了。唉！想到這裡，似乎涉及我們整個民族文化的大問題了。可惜我非再世華佗，要動這文化大動脈手術，還是留待文化人類學家，社會學家，歷史學家去集體會診，作成決定罷。就事論事，我不禁對這位掌門人肅然起敬了。上下官員，設若個個跟他一樣，據理秉公行事，不巧言、不巧變、安分律己，忠於職責，國家豈不早就繁榮富強了！

折返賓館，沐浴洗塵畢，下樓進餐。見有西湖蓴菜和成都蒜苗，俱為時鮮，大為驚異。原來是主人厚意，空運而來，堪與驛馬為楊貴妃進傳南海荔枝媲美了。

夜晚發夢：投奔大漢，官拜征西大將軍。博望侯張騫、定遠侯班超分列左右。白駒雕鞍，執轡並進，好不威武。出玉門塞上，「落日照大旗，馬鳴風蕭蕭。」在黃埃滾滾的大漠上，浩蕩西行。

次日，拂曉即起。梳洗後，下樓在庭院中觀賞柳色。中國柳樹細柔多情，入詩入畫。端秀媚雅，是最好形容。以纖葉繪美人眉，柔枝喻美人腰，更是出色。美國也有柳樹，壞在粗枝大葉，有豪放不矜的意味。若用來狀繪中國女人，就有長腰短腿穿著拽地喇叭褲裝的感覺。但是，對他們大手大腳、虎腰濃眉的小丫頭大姑娘，倒喻用貼切。中外文化不同，即連在地物上也有殊異若是。這樣想著，不禁又同歷史發生了聯想。中國對於美人的形象，是古典、雅麗、清秀、纖小，那不過是唐代以後，特別是宋代才開始塑造出來的。不但女子如此，鬚眉丈夫也跟著相對的瘦弱下去了，甚至可以說體質上退化、精神上頹唐下去了。唐代以前的男女，都是健康、碩大、飽滿，有莊重福泰的氣魄的。歷史的演變因素固然很多，可是中國人的審美觀竟有這樣大的差異，不知是否古老文化日漸萎縮下的一種反映。

昨日去驪山，途經灞橋，古人送別之地。我無人可送，只有對歷史文化故往的傷逝。想及此，隨手折了一枝新柳，返回樓上，放在箱內，聊表感懷寄託。

吃罷早飯，向秦始皇陵進發。

秦墓位於臨潼縣城東五公里處。南依驪山，北臨渭水。根據記載，陵高一百六十六公尺，周長二公里又半。但是，經過兩千年的風雨浸蝕和人為破壞，高度已大減。雖如此，仍可看出初期規模的巨大。站在公路旁離陵墓約五千多公尺的地方，只見一丘突起，其上枯樹點點，襯以陵前寬廣的一大片乾黃土地，顯得肅穆寂寥。我們步行穿越土地，在前去約六丈遠處的石碑下拍照即返。

在登車續向秦墓兵馬俑坑地博物館進行途中，我又突生感想。不知何故，我總是把秦始皇跟毛澤東串連起來。換言之，一想起毛澤東，就彷彿在他身上看見秦始皇的影子。其實，二人也確有若干相似的背景：秦始皇盤據關中之險，收拾了群雄並峙分裂的局面，一統大業；而毛澤東帶了長征殘兵敗部，到了關中，也就是那時候中共的「霸業」始見端倪，再乘抗戰之良機，日益坐大，最後終於盤據了整個大陸。這是兩人背景相似處之一。一個是史無前例的「始皇帝」，一個是前無古人的「始主席」，此是相似處之二。好大喜功、霸氣特重，摧害知識分子激烈，是相似處之三。當然，毛氏自認具備文武韜略，「惜秦皇漢武，略輸文采」，似又勝過秦皇一籌。也許壞就壞在這一點，在其統治之下的中國，人民、文化遭受浩劫之慘重，真是史無前例。秦始皇雖具雄才而缺少大略，基本上只是一個十足的霸主；而毛澤東的文采大略，卻使他披上浪漫理想主義者的色彩。秦皇派三千童男童女求長生不老之仙藥，所表現的不過是愚蠢的小癡；而毛澤東卻「要讓山河換新裝」，天翻地覆，以遂其實現人類史上第一個共產烏托邦的妄想，卻是大禍了。也許毛澤東錯生了時代，設若他生在秦皇之時，在民主思想未萌的時代，歷史可能由他重寫，中國可能真變成人類史上第一個共產社會。但是，唯其生在進步的二十世紀，這是一個自由民主思想早已燦然大彰，而世界問題是如此複雜、民族圖存是如此艱鉅的大時代；這是物質文明神速進展，整個世界、整個人類的生存都受到威脅的時代，作為一個國家一個民族的領袖，所當為必為的是，如何在艱難困苦中完成民族團結，親愛精誠，提高民生，安居樂業於內；如何巧妙應付外在對於民族命運覬覦的勢力，戰備以圖自保自存於外。而絕不是可以不顧國家人民禍福，單逞私慾，以遂其狂妄理想的！沒有任何人可以把歷史、民族、文化的大我利益，拿來作為實現小我私心的籌碼。誰要是如此，誰就肯定是歷史文化的叛徒、國家的逆子、民族的罪人、人民的公敵。古有仁君已足，今必明主方可。毛澤東為他個人自負的文采大略所害不足惜，可是，三十年的中國卻為其所殃，悲夫！

兵馬俑葬坑在秦陵外城東門外，距陵墓一公里又半。一九七四年經農民無意中發現，在中共有計畫的發掘下，目前共掘出俑坑三座。我們參觀的是第一號坑。面積最大。坑深約五米，東西長二百三十米，南北寬六十二米，為一長方形地下土木建築。

此坑出土之物計有：武士陶俑五百餘件、戰車六乘、馬俑二十四具（每乘戰車四馬），另有青銅劍、吳鈎（彎刀）、矛、弩機、鏃、銅殳等兵器。坑地已挖掘部分，僅佔全面積十分之一左右。據估計，全坑挖掘之後，可得人俑馬俑近六千件。

坑地的兵陣排列是：坑東端有南北向長廊，廊中排列了三個橫隊。每列有戰袍俑七十具。除了每列的一個領隊身著鎧甲外，其餘各俑所穿為輕便戰袍、腿扎行縢（裹腿）、淺履、繫帶、免盔、束髮、挾弓、挎箭，看來好似軍陣前鋒。其後為東西向過洞，排列了三十八路縱隊，掛劍持矛的鎧甲俑與戰車相間隔，似屬主力軍。坑南、北、西三面端頭，各有武士俑一列，分別面朝南、北、西方向，擬為軍陣側翼及後衛。

細觀各俑，栩栩如生。其姿勢除大半屬於肅立戒備狀外，或半跪、或執矛、或發弩、或撫劍、或牽馬、或前傾、或側倚、或昂首，不一而足。令人歎為觀止的是，人俑面部表情更是變化多端，可說因人而異。或摒息斂神、或斜睇旁側、或俯首沉思、或蹙眉有感、或怡祖從容、或展額微笑、或側目觀天、或凝眸前方。總之，予人印象是：這是一支體格雄偉，有男子大丈夫氣魄、從容不迫、鬥志昂揚、訓練精熟，驍勇善戰，可以為國干城，也可以報效君主的優秀大軍。秦代國威煊赫，勢力強大，也就在兵馬俑上無遺表露了出來。再從藝術文化的角度來看，那樣古遠的時代，中國就產生了如此巧奪天工的偉大雕塑家，何可只讓羅丹一人專美於世界，佔盡藝壇風流？站立坑前，緬懷古人，真為我燦爛歷史文化感到無上光榮。

鑑於明文規定，參觀場地內部不准攝影，只好在出來後求助於文物供應部。一套人馬俑彩色幻燈片售價人民幣三十六元，折合美金約一元一張，有「敲竹槓」之嫌。北方俗諺有云：「一口吃個胖子」，正是。我把個人感覺向櫃臺內的年輕女服務員表露，對方故做輕鬆，實則理直氣壯地抿嘴一笑，說：

「這東西是世界上別的地方看不見的哦！」

此話誠然。我道：

「就因為這樣，你們難道不願公諸於世，希望客人多多購買，以廣宣揚，來個名利雙收麼？」

「當然呀！」對方開顏笑了。

「那麼，定價這麼貴，比國際標準高出太多了。你們究竟可以賣出多少？花美金的主兒，也不是個個都不打算盤，是不？」

就在這時，兩位口操英語的遊客前來問價，知道售價之後，聳肩而退。

我趁機獻計，趕著說：

「我給你們出個主意。除了整套出售以外，再賣單張，豈不更好？」

「我們不單張賣。這是上級的規定。」

我撇開「上級」，繼續進言：

「那也沒關係，可以分組出售。這三十張可以規畫為人俑全身像一組、頭像一組、馬俑一組、坑地全景外觀一組。」

「？」

此時，一直坐在後面的椅子上，穿著藍色人民裝、面容嚴肅的「上級」，站了起來，朝我說：

「您提的意見很好。但是，事情也沒那麼容易。就算我們把您的意見反應上去，不定哪天批下來。也不定有結果。您要是覺得三十六塊人民幣太貴，就看看旁的東西罷。」

貴，可還是買了。因為教材需要，也因為自己確實喜愛。一手在握，感想是：集體所有制的經濟，策畫上不但方式僵硬，也難面面俱到；缺乏彈性刺激，不能隨時調整。利益雖歸集體，損失也是集體。

飛往成都的俄製螺旋槳飛機四時起飛。一天零一小時的文化之旅倉促結束。升空以後，凭窗下望，仍然是塵埃斜暉兩不分的一片空濛迷茫。「回首下望人寰處，不見長安見塵霧。」

半坡新石器時代遺址、鎬京遺址、秦墓、阿房未央宮殿遺址、華清池、沈香亭、驪山、渭水，整個的關中盆地，河渭大平原——中華歷史文化的搖籃，全被塵霧壓了下去，漸邈漸遠，終於消失在冷酷夕陽中。

「總為浮雲能蔽日，長安不見使人愁。」

一九八一、七、一〇・加州山景城酒蟹居

錦江春色來天地

隨歷史的塵埃昇騰，飛凌在秦嶺之上。飛機彷彿是一隻迷失的孤雁，背著寂寥的穹冥，徂暉斜隨，冉冉自北國首向南方。

出國後，我有多次自北南航的經驗，和數度橫跨東西的旅行。也有東西兩半球之間飛渡太平洋的長征，更有越過赤道從北半球至南半球的壯舉。千里江山與萬頃汪洋，漪歟壯哉，美固美矣。可是，哪及我如大鵬展翅翺翔，俯瞰祖國錦繡大地於萬一！這該是我一生中終於實現了自幼小以來的美夢，雄姿英發，飽覽那無限江山，滿足我的文化優越感，炫耀我身為炎黃世胄的無上驕傲和榮彩。「欲窮千里目，更上一層樓。」古人充其量只能登高望遠，杜子美也只有登上泰山望嶽，始感「盪胸生層雲，決眥入歸鳥。會當凌絕頂，一覽眾山小」。而我，極目瞰江河，放眼收五嶽，此景較之泰山望嶽亦大矣，此情較之老杜亦豪矣。

蕩蕩神州，湛湛青空，白雲拭淨遊子心，我在天外向中原大地致深摯的敬禮。

世界上沒有第二個民族，有如此寬大胸懷，把珍貴的文化慷慨施予外人；世界上也再沒有第二個民族，有這樣悠久的歷史文化，取之不盡，用之不竭似長江黃河，讓後代子孫做大鯨飲，有如此浩闊的幅員供後代子孫做巨龍舞。美哉華夏！大哉中華！

但是，我不是淩飛在漢唐太平盛世的上空。我的文化優越感低落得像垂野烏雲，我的無上驕傲榮采隨風而逝。我是飛越在浩劫後疲憊蕭條的大地之上。我似歸鳥無枝可棲，我似燕子無樑簷可投。「聞說雙溪春尚好，也擬泛輕舟。只恐雙溪舴艋舟，載不動許多愁。」李清照猶聞雙溪春好，也擬去放輕舟，而我則不然。我來雖是春天，春卻去矣。更無泛舟閒情快意。只緣身在剩水殘山中，傷情無已。希望不是由於我滿懷愁緒，只覺得這螺旋槳的小飛機飛得越來越低沉緩慢了。

中學時代，地理課本告訴我，秦嶺好似蒼山臥龍，界畛南北。山勢險巇，綿亙雄偉。自古由晉入蜀，必穿嶺而過，行旅艱難，李白因有「噫吁嚱，危乎高哉！蜀道之難，難於上青天」之歎。我最神往的還是陸放翁「衣上征塵雜酒痕，遠遊無處不銷魂。此身合是詩人未？細雨騎驢入劍門」的瀟灑。但是，我也知道那樣的情意只能在詩句中領略了。騎驢絕不該再是一個二十世紀進步國家的主要交通工具，但這次如果能乘坐寶（雞）成（都）鐵路火車，至少尚得若干古人身歷其境感受，奈以行程緊湊，改為飛行，無從償願。

說起寶成鐵路，又是一番感慨。當年中共決意建造這條連結西北西南的幹線，由於地勢過險，施工不易，又唯恐自己的技術與經驗都不足以勝任，乃邀請世界先進國家的地質、工程科學專家，前往實地察看勘測，聽取意見。經專家們察勘之後，一致認為不宜興建，即使勉強建造，時間及資本兩方面都耗費太多，對整個國家經濟影響至鉅，所以奉勸中共當局從長計議。但是，中共認為，為了配合全國鐵路網的完成，大計已定，勢在必行，不能知難而退。於是，號召全國地質工程專家，仔細籌畫，充分發揮人定勝天的毅力，以中國有限的人力、物力、財力而排除萬難，終於建成了這條自詡世界上最險、山洞最多的重要鐵路。這是何等值得驕傲慶幸的美事！高昂的精神、堅韌的毅力、勇敢的氣魄、加上必勝的信念，這股洪流一般的力量，果能一以貫之，時至今日，全國的建設應該相當可觀了。可惜，政治運動排山倒海而來。人力物力財力完全浪費，甚至於倒行逆施，強要「打腫臉充胖子」，犧牲同胞的民生幸福解衣衣人，大力援外，一定要堅持支助第三世界無產階級兄弟，其目的在於滿足一小撮領導人好大喜功的愚昧英雄慾。在當時經濟艱困的情形下，發揮愚公移山精神，也不失為一策。但，前面移去一山，後面跟著堆起兩座新的人為大山，最後是全國人民皆被壓在重重山下，不得翻身。

秦嶺以南，一片蓊鬱青蔥。其潤腴肥美，跟嶺北的枯黃土地形成強烈對比。飛臨川西壩（四川話「平原」之謂）上，但見綠意盈疇，點配著一方方嬌黃的油菜地，看得你眼脹鼻塞、心騰肺飽。厚實的沃野富庶得充天沛地，這不但是西南半壁天府的擎柱，也是整個華夏臥龍的樑脊。

六時半抵成都，已近黃昏。下機後，暖風迎面，暗香襲人。物換星移三十四載，再度入川，鬢已斑白矣，沉埋的四川話也早生鏽。虧得前來歡迎的主人大加讚美，剎那間，流光倒轉，回返少年入川學語之時，若飲舊醅，興酣酒美，卻略帶回味無窮的酸澀。

次日參觀之地有三處：灌縣都江堰、杜甫草堂、諸葛武侯祠。

灌縣在成都西北。都江堰位於岷江中游，創建早在二千二百多年前之戰國末期秦昭襄王晚年（約公元前二五〇年）。岷江上游由於百川匯集，夾帶大量沙石奔騰而下，流入川西平原後，河床淤塞，災害頻仍。於是，當時蜀郡守李冰，根據川西西北高、東南低的地理條件，在岷江江西築堤分水，把江水分為內外二道。外道是正流，經灌縣、樂山、宜賓入長江，全長七百餘公里；內道是人工渠，流入成都平原。為了防止過量洪水及泥沙流入內道，在分水堤中段修建「飛沙堰」，使洪水泥沙自動流洩外道，而有效地控制了內道流量，構成了一套科學的完整的巨大排灌水利工程系統。水患既除，又保灌溉之利。目前，都江堰受益範圍，已自以前的十二縣市擴大到二十七縣市。灌溉面積達到農田八百餘萬畝。大禹治水不過傳聞，但李冰父子不但是中國最早的水利專家，實在也足傲視世界了。我站在橫跨內外水道，全長約一華里的安瀾索橋上，眺望西北，青山重疊，江水蜿蜒而下，極是壯觀。

四川儘管有「天府之國」之稱，擁有都江堰水利之益惠，農作豐饒，但，今天四川省人口已高達一億，甲冠全國，幾乎相當於全美國人口五分之二。金山尚且終會吃空，這人口的洪水，較之自然水患可怕何止千萬倍。當初學者馬寅初針對建國大計，提出控制人口論，而橫遭毛澤東否決，竟相反的鼓勵增加人口生育，以支持其荒謬絕倫的「打人民戰爭」論。把生育人口視為增加軍火彈藥，這是泯滅人性、侮辱人民的瘋狂行為。草菅人命尚屬不可，這簡直是集體謀殺了。

自都江堰折返成都赴杜甫草堂途中，經過灌縣自由市場。夾道百業雜陳，彈棉花的、剃頭的、吹糖人的、賣跌打損傷膏藥的、點痣拔牙的、以及各式吃食小販攤位，熙攘塞途，蔚為大觀。不禁回憶起少時住在四川趕場的情景，三十年來，也就是近年開放市場，才有此繁榮欣欣之象。我見道旁菜蔬成堆，莖碩葉肥，新鮮潤澤，又見案上地上豬肉、雞魚比比皆是，與北京西安所見大異，便對陪同人員說：

「這裡看來富裕，不愧天府之稱。」

「沒得啥子稀罕，」對方微笑作答：「灌縣也不過是我們的三等縣。」

得意之色，溢於言表。一等縣二等縣我沒看到，恐怕也無由看到，但願他所說屬實。不管怎樣，天府之國在趙紫陽主政前，竟也發生飢荒，有鬻兒賣女之事。雖說事在人為，中共整個經濟制度，據專家作成結論，如果不從基本上求變，前途並不光明。這我不懂。我所想看到的，是不要拘泥甚麼僵硬的政策，增加生產，改善人民生活，當為首要之務。

「這裡物資看來過剩，有沒有外銷支援外省?」

「物質條件不好，運輸困難。外銷是有，情形並不理想。」

交通與分配問題，仍是中共沒有完全解決的困難方面。基本上，經濟仍採各省獨立自理的方式。要能做到像美國一樣，東西南北各地物資出產，貨暢其流，尚不知要等到何年何月。

杜甫草堂在城西郊浣花溪畔，距市區約五華里。

草堂初建於唐肅宗乾元二年（公元七五九年）杜甫入蜀時。後因蜀中亂起，詩人別去，就逐漸荒蕪下去了。一直到了五代，詩人韋莊按址尋訪，重結茅屋，才算為後來的草堂留下基礎。宋神宗時，草堂不但加以整修，並擴建為工部祠堂。此後，經歷代十餘次護修整理（明弘治及清嘉慶年間曾大規模整修），始有今日草堂面目。

草堂佔地三百畝，有牆垣圍繞。整個建築設計是採祠堂園林式傳統。入正門後，有小溪一彎，跨石橋而至「大廨」，兩側種植楠木翠竹，森森冥冥。大廨後正方為詩史堂，內置杜甫塑像。廨與堂之間，東西兩翼有陳列室，以迴廊連接，穿廊可回至大廨。堂四周遍植紅梅、杜鵑、杉松與脩竹。廨、堂與兩陳列室，構成一「品」字形自然院落。詩史堂後有小橋通「柴門」。橋下溪水，西去「水檻」，東連「花徑」。過柴門即工部祠。祠內有詩聖全身泥塑及明、清兩朝立像石刻，兩側配祀宋詩人黃庭堅與陸游塑像。此外，室內還有清朝乾、嘉兩代草堂石刻圖。祠東西兩側分別為「恰受航軒」及「草堂書屋」，陳列杜詩選譯、歷代杜甫詩集版本、國外漢字刊印杜集及各種外文杜詩譯本並有關杜甫著述，凡一百二十餘種。

草堂建築的佈局，是主要部分（正門、大廨、詩史堂、柴門、工部祠）都在一中軸垂直線上，兩旁有廊、軒，再遠則為亭、榭。既無北方宮殿式園囿的雕琢富麗，也乏江南庭園的曲折蜿轉與精巧細緻。明朗樸拙大方，風格獨具。這跟杜甫一生坎坷遭遇，工整律嚴的詩體，和勁厚深澀的詩風倒是非常配合的。

不知是否由於同行七人都是搞文學的，抑是有感於老杜喪亂流離的苦悲，因而自況身世，大家竟不約而同提出在草堂之前合影的建議。「我里百餘家，世亂各東西。……近行止一身，遠去終轉迷。家鄉既蕩盡，遠近理亦齊。……人生無家別，何以為蒸黎？」遂在草堂碑亭前留下鴻爪。

在工部祠盤桓時，有農家老嫗三人進入。素衣肅容，行至杜甫像前，合十跪拜。中共鞭笞怪、力、亂、神，旨在破除迷信與宗教崇拜。但，令人覺得怪有嘲諷意味的是，死的偶像是被打破了，掃除了，卻把個活人毛澤東，金身塑成真神。而馬、列、毛思想更定於一尊，成了新宗教，政府傾全力以推行官教，誡喻百姓崇拜活神。如果僅止於此，倒也罷了，問題是新教真神不在救苦救難，普渡眾生，而是降人間為地獄，用意想不到的怪誕方式——否定個人、根除人性、否定道德、肯定說謊、肯定無情、凌虐人民同胞的精神、折磨其肉體、侮辱其人格，將人性用暴力強壓到冰點以下。

我注視著三位老婦滿面皺紋的臉，竟讓你看不出一絲動情的淒楚，是那樣麻木無情，這感覺就像北風肆意斬刺一具稻草人一般。她們連土地公土地婆、觀音菩薩都無以對，來祈求下輩子得以超生。不，其實，她們已沒有任何祈求了，只要有一個同情了解她們的對象，連任何話語都不需要的。於是，她們來到工部祠，默對老杜，大概是有感於詩人世亂苦悲罷！我想，即使老杜再世，當也擲筆浩歎，寫不出「三吏」、「三別」了。

「無邊落木蕭蕭下，不盡長江滾滾來。」在這三位老嫗的面上，刻下了天愁地慘，麻麻密密的大悲咒！

辭別草堂時，「夕陽無限好，只是近黃昏。」匆匆趕去武侯祠一看，即折回賓館。晚間應四川作協洗塵宴，餐於「榮樂園」。師傅請簽名題字，遂代表全體書「天府第一食府」六字，盡歡而散。

回賓館整理行裝，當晚九時五十五分火車赴渝。下樓候車時，見大廳外賣部有李姓師傅，能在米粒大小物體上刻詩。幼時讀〈核舟記〉一文印象，忽現眼前。欽其高藝，乃脫下手錶請刻李白〈下江陵〉一首，明日自蜀至巴後，當乘船過三峽大江東去也。師傅得知我乃二度入川，時隔三分之一世紀，又自動請我取出鋼筆，刻以「再度入川」四字，作為紀念。

步出賓館，仰視夜空，繁星點點。晚風徐徐吹來，薄涼之中透著春意。居高眺遠（錦江賓館在高處），茫茫一片，只覺春聲靜待拂曉亢喧。「花近高樓傷客心，萬方多難此登臨。錦江春色來天地，玉壘浮雲變古今。」想起老杜詩句，忽生奇想：我要是有射日后羿或補天女媧的神力，雖不能變換古今，但定然要把四時改變。我要請春神展施妙手，療敷這傷痕纍纍、腥血凍凝的大地；更要央她一掬同情之淚，化作春雨霏霏，遍灑人間。我定然會斬掉炙膚酷夏，拉走愁殺人的悲秋，融化錐心刺骨的寒冬。只留一個春天，請長江帶走，直到江南。

願春長駐。天上、人間，到疲憊的大地完全恢復。

一九八一、七、二七・加州山景城酒蟹居

一江春水向東流

我們夜裡十點半就上了火車，卻一直到十一點四十分才開。

何以誤時，未經宣佈，也沒有人過問。大陸上許多事也大抵如此。話題本就訴說不完，而最大的人口問題，早堵得我們有口難言了，也無暇理會其他。

據說，世界上火車誤時最為司空見慣之處是印度。有惡毒之人編造過這樣一則笑話：某記者某日乘火車自新德里赴加爾各答，不意火車準時離站，竟分秒不差，大詫。遂興奮起坐去找車長恭賀，願發獨家消息，用在報紙首頁。車長大人肅容將該記者拉至一旁，苦笑語之曰：「實不相瞞，本列車整整誤了二十四小時。得饒人處且饒人，老兄多多幫忙，給我們留點面子罷。」我引這則軼聞，倒並非指著和尚罵禿子。儘管中、印兩邦，難兄難弟，災貧相煎，又都各恃巨大人口，傲視世界，儕身核武大國，頗有類似之處。再說，中共誤國三十年，即使發射火箭飛彈也追不及了，這個把小時的火車誤點，又算得甚麼！實則我是借此興彼，想起另外一則在中國大陸行旅的故事來。

這是一則真實故事。一年半前，我所任教的史大同事王君，率團赴大陸參觀。某日，按旅程安排自北京飛往西安。他們依時排隊候機，過了二十分鐘竟毫無動靜。王君為同行人中唯一會操華語者，遂代表詢之於櫃臺服務人員。答稱飛機正在自西安北飛途中。因問何時到達？答曰不確知，估計尚需一小時許。團員不耐在機場守候，協議先返市區辦理未了事宜，而於一小時半內趕返。服務人員警告：「最好別離機場。飛機可能隨時到達，下人上人立刻返航。」只怪他們忠言逆耳，滿懷自信走開了。迨一小時許趕回機場，飛機果然不恭候，已在返航途中。

飛機誤時，火車誤時，不是大不了的事，連歐美先進現代化國家，都時有發生，可是，應該向旅客陳述理由及公佈新改時間。像這樣處之泰然，不問不聞，服務人員尚且理直氣壯告誡旅客的事是沒有的。中共整天呼叫現代化，不在觀念上先現代化，定是緣木求魚，一無結果。

車行之後，女服務員進來沏茶，經我們問起何故遲延，才輕描淡寫地說：「一個瘋子爬到車頂上去了。」

瘋子如何會在亂群之中爬攀上車頂，是有趣的問題。既已攀登，將之營救或驅下都非難事，如何竟耗時一句鐘以上，是另一有趣的問題。

「怕他跳車。底下的人又不敢上去，只好慢慢勸說他下來。」

真相雖云大白，仍有感想兩端：其一，意外事故稽延行車，而不向旅客交代，這不是國際規格應有的服務態度，也暴露了集體制獨家經營的弊病。其二，動亂連年，冤死無計，文革極左恐怖時期，正常人連佯裝瘋癲都未可倖免；如今竟對一名神經病患仁厚寬大，表示好生之德。與其說是亡羊補牢，倒不如看成一幕大悲劇中的諷刺鬧劇罷。

主客九人，分臥三室。楊牧、紹銘與我同房。談著些有結論卻又找不出答案的問題，氣苦非常，相覷茫然。也只好大口吞飲啤酒，採取鴕鳥態度，胡亂睡了再說。「明日又天涯」，真是如此。紹銘有失眠症，車長獲悉，居然權外施恩，著他獨霸一間。

這是我第一次在大陸乘坐火車。也是生平第一次乘坐臥車。和衣而眠，思潮起伏而不能闔眼。自小喜愛火車，而幼時逃難西南，卻總是住在偏遠鄉下，乘坐火車穿山越嶺都在夢中。捱到勝利，一九四七年回到南京，在下關下船，隔江望著浦口的火車，興奮得竟當場做起夢來。父親撫拍我髮頂，以無限同情的微笑允諾：「快了，我們就快坐火車回北平老家了。」而翌年殘冬，父親帶我們離別南京，卻是乘船去臺，開始第二次逃難。在基隆下船，乘火車南下，才感到即使乘車北上，也無由回家了。

也不知何時朦朧睡去的。次日清晨五點半就被廣播叫醒。起坐推窗，車正沿著長江疾駛。晨曦方現，江面也顯得不寬。只見波光偶然閃動，卻看不清水色。我把強烈的感情投入江水，起著沉澱作用，水色才終於瀏亮澄清得與我少年江濱戲水時的心湖一般。漱洗後，用餐時臨窗再望，江水悠悠，已有趕早的漁船張網作業。而岸邊竹裡人家，雞鵝處處，漁婦支竿曬衣的一片清和，使我彷彿看見二十年前自臺北坐火車至淡水，經竹圍、關渡一帶的景象。

初到山城是三十五個春天前的春天。三十五個春天積攢起來，加上第三十六個，卻依然遮不住山城的憔悴衰老。尤其是當我從海外陽光普照、四季如春的另一個多霧的山城——舊金山歸來。

在海的彼岸，每次我站在金門灣頭，總希望濃霧消散，海鷗會淩波搭成長橋一座，我就信步走到長江之濱的山城去。再也不回頭，再也不要聽聞 I left my heart in San Francisco 那首歌。

如今，我重逢披著朝霧的山城於長江之濱，而僅有一天一夜的相聚。我要在這樣短暫、稍縱即逝的時間內，撩開籠罩了山城三十年的愁雲慘霧，尋找失去的青春和拾取不回的歡笑，無語凝咽，連回憶都茫然沒有頭緒，唉！

主人用汽車載我們去北碚，先看嘉陵風光，夜返重慶，再欣賞山城嫵媚。

到了北碚，我們婉謝了主人邀洗溫泉澡的盛意，卻願沿石階而下，自公園一口氣直落江濱。穿過茂密竹林和纏繞著多情青藤的老樹，來到渡頭。春水碧波，有幾隻渡船在江心搖盪。蹲下來，用手梳著柔水，遙望山抹微雲，水天不分，喜悅又難免為乍起別情所刺傷。

在北碚吃了晚飯，返回市區，已經華燈初上。陪同人員宣佈：由於明早七時開船，需要早睡早起。決定重點式車遊全市一周，山城之行到此為止。

所謂全市巡禮，不包括南岸。對我來說，當年不但家住南岸海棠溪，所就讀的小學中學也皆在南岸。在北京已經失去憑弔故里舊巷的機會。而這次又無法造訪故居，自是極端失望傷感。

車過沙坪壩、上清寺、瓷器口、兩路口、夫子池等地，一路上甚少見自行車。除無軌電車及公車外，也偶有小型機器單車（motorbike）出沒。問及陪同人員，稱乃當地出品，牌名嘉陵，暢銷全國。初售價人民幣二百餘元，現已三倍此數仍供不應求。人民購買力究竟提高多少我不確知，但時下大家一致要求提高物質生活享受的趨勢則可瞭然。

看慣了其他城市排山倒海般的自行車隊，一時雖稱爽目，反覺若有所失了。但，也就因為減少了這一層障眼的人為掩飾，我的注意力遂可集中在街旁建築物上。不見甚麼新建，恰如面對故人，那些房舍樓宇，在抗戰期間天不怕地不怕，彷彿小伙子鐵打的一身筋骨，經歷了一世風霜，只顯得雞皮鶴頂，彎腰駝背，茫茫蒼蒼，頹衰龍鍾而不勝歲月了。

我們在當年鬧區的「精神堡壘」下車步行。堡壘仍在，只不過易名為「人民英雄紀念碑」而已。黑壓壓的屋宇、黑壓壓的人潮，蠕動著，填滿了馬路，一似傾巢而出的螞蟻。那孤伶屹立街心的堡壘，就像被噬空腑臟的一具螳螂軀殼。我從來沒有過如此驚心動魄的感受，站在人海中，被深黑的力量拉扯得幾乎失去平衡。我是如此接近自己的同胞，卻又感到從來未有的如此陌生，如此疏遠。

我全身發冷，無邊寂寞。透心的驚恐攫去了繼續前行的勇氣。像逃犯般，我跟另外兩位同行的朋友倉卒激流勇退，拐進另一街角。一間燈火明亮的大型商店耀然在望，乃直奔光明而去。

但，我不能讓這樣難堪的情緒傷害一絲一毫我對山城的美好印象。沒有敵機的轟炸、沒有兵燹的洗劫，山城竟至淪落若是，日日頹坐江邊，夜夜痴對逝水。三十年而不聞其一聲悲歎，有情卻似無情，怎麼可以就輕易道一句世態炎涼、人間滄桑算了？唉！有人說，患難之交與忘年之交，情誼最是彌固且純。而我與山城，一份世亂情感也正復如是。中國歷史上最大規模浴血抵抗外敵侵略的戰爭在此地結束，我的貧苦幼年也在此結束；我一生中最浪漫綺麗的美夢在此編織，最誠摯的對自由和平的希望也在此萌芽。而今天涯歸來，國破夢杳，我與山城俱老。「問君能有幾多愁，恰似一江春水向東流！」

走進商店，隨便買了一袋重慶製造的牙膏。我的四川話令櫃臺內幾位年輕的女服務員吃驚。一位紮了兩條短辮的忍不住笑著說：

「別個都在講你是日本人，我講你一定不是的。果然不是。不曉得你會是四川人。」

「你本來講對了，後面又講錯了。我不是四川人，是腳底人（四川土話，指抗戰時入川的外省人，也稱「下江人」）。」

其實，北京人、四川人、南京人、臺灣人，都不重要。別人怎麼猜也不要緊。只要我自己認為我是中國人，也就夠了。

車子繞回兩路口。陪同人員建議，全市最高點琵琶山就在附近，登臨俯瞰山城夜色，也是一景。於是落車步行而上。山頂有亭，亭內外憑欄人處處，尤以青年情侶為多，攜手勾腰，狀至親暱。更有提帶卡式收音機者，樂聲悠颺。明月當空，晚風潮潤，聽江聲、觀燈火、少年不知愁，早把武鬥流血、殘殺迫害的慘痛忘記了。

萬家燈火是實。但是，要趕上金山夜眺那種明光燦爛映空照水，使星月失色的景觀，不知尚待何年。凝望南岸，海棠溪近在咫尺。江面上架起了鐵橋，無形中把原來兩岸遙隔的距離拉近許多。不過，我仍是懷念早先海棠溪和儲奇門之間的輪渡。滿江大霧的時候，開船前敲打破臉盆或銅鑼以為訊號的聲音，以後再也沒聽見過。

「重慶在解放後，基本上變成一個工業城。向家坡（按，原國府貿易委員會舊址，也是我家當年故居所在地）早就改作工廠了。」

「那裡原先是桃李一片的地方。」我幽幽地說，把餘下的話吞了回去。

林林總總的廠房和煙囪取代了嬌嬈繁花，無論如何是無奈而殘酷的。幸好我是在隔江夜眺，免了雙方的尷尬。向家坡後面就是南山，山上有文峰塔。我所就讀的廣益中學便在塔下不遠的黃桷椏。

說起文峰塔，想起重慶人流傳的三塔壓龍故事。三塔是指南岸的文峰、報恩二塔及江北的人頭山塔。傳說有草鞋成精化成一條長龍，作亂害人。有道士陳半仙可騰雲駕霧，出而降龍，鎮壓在三塔之下。文峰塔壓龍首，報恩塔壓龍身，人頭山塔壓龍尾。中國人一直是世界上最會說編故事的民族，更有一種特別的本事，總是在現實困苦中委屈自己，到了最後關頭還打掉牙和血吞，以忍為上，終將命運訴之於報應，編織故事以自寬。這樣千年萬世，焉知後人不會編造今世人受苦受難，類似三塔壓龍的傳奇。其實，不必遠說，以鄧小平為首的當權派，就深諳民心，搞「平反」，大審四人幫，便自認可以把歷史上這段黑暗時代一筆作結了。

中國大陸的確非現代化不可，這是生存在二十世紀無可避免的。已經落後三十年，即使鄧小平不登高呼叫，也得朝這方向前進。現代化需要現代頭腦，現代頭腦端靠吸收新思想，不是堅甲利兵、汽車冰箱就算數。否則，跟清末民初的洋務運動並無二致，不會成功。但事實不幸正是如此。如今在思想上搞「四個堅持」，以抵消平衡「四個現代化」，於是後者純流為一種口號，成了前者大圈圈中的小圈圈而已。

良夜迢迢，燈火漸稀漸隱，明月獨照江水寒，江上霧靄漫漫。此刻如有人吹笛，我想我一定會潸然下淚的。

次日，五時即醒。梳洗後攜帶行李下樓，天猶未亮。院中晨霧瀰漫，露水清涼，時而有幾聲沉遠的船笛遞來，客心悸盪。父親當年在渝，最喜此聲，他的老師沈尹默先生因自書七絕一首相贈。前兩句是：「江邊終日水車鳴，我自平生愛此聲。」而尹默先生與父親都已先後物故，人生如夢。「剪不斷。理還亂。是離愁。別是一般滋味在心頭。」

六時半登車，晨光熹微中別賓館。車過小十字以快速駛向朝天門，長江也方自悠悠千古興亡大夢中慵慵醒來。江水不高，需步行一段壩岸始達碼頭。船已升火待發。登船後，將行李放置艙房內，急急跑回艀板上，笛鳴三響，船已徐徐離岸。煙波江上，大小船隻來往，汽笛聲此起彼落。憑欄回首，告別山城。晨霧下，一片灰澀迷茫。

大江東去。

站在船頭瞭望，春風洗耳，江水拍心。這該是遙想千古風流人物最好的時刻了。可是，韻事詩情也需要環境的承平雍和，才能牽動，更需要心境的極度逸放方可吐露。曾是一個十三歲的少年，滿懷夢想與一腔豪情，容不下歷史，解不開私心，只想駕輕舟一葉，捕魚為食，渴飲江水，逐波東流而直入大海；然後，棄舟跨鯨縱浪而去，不知所終。如今，此少年以三十五年的青絲換來一頭華髮，自大海之外逆流歸來。站在癡夢的起點，他感時憂國，仍容不下歷史，只緣不忍再將這三十五載擾攘歲月作成實錄。看來，真是空辜負詩人的江上清風與山間明月了。歐陽修曾說，「人生自是有情癡，此恨不關風與月」，也許正是如此的罷。

我們多半兀坐船頭的休息室內，各有所思。即使有一二人偶語，也都其聲微細，彷彿沒人有勇氣撩撥開這沉重的網。而終於有人提議賦詩，藉以求得鎮寧。一詩成則眾人傳觀，也有和者。這樣拖過一段時間，不知怎麼有人起鬨，要愁予朗誦新詩。而愁予偏選了一首紀念已故詩人覃子豪的〈一〇四病室〉。他說：

「有一次在閒話中談到還鄉的方式。因為覃子豪是四川人，我便建議說：拉縴回去。」

莞然於冬旅之始

拊耳是辭埠的舟聲
來夜的河漢　一星引縴西行
回蜀去　巫山有雲有雨
且蒐羅天下名泉
環立四鄰成為釀事
妹子　總要分住
便分住長江頭尾
那時酒約仍在　在舟上
重量像仙那麼輕少

柳絮飄蓬，是中國人二十世紀的大特寫。而喪亂思歸，遂使得畫面尤顯淋漓淒迷，詩人情懷就定然格外慘惻寂寞了。其實，在河漢引縴西行的，豈僅乘鶴而去的覃子豪！繁星點點，不知多少海外亡魂，與流離失所含恨客死他鄉的華夏兒女，從人間而天上，參加了這浩蕩跋涉還鄉的行列。河漢邈邈，只要河漢的縴夫們一滴眼淚，都會使人寰處的江水氾濫的。

午前船泊長壽。該地以酢菜馳名遐邇。停靠碼頭後，果然船上客人爭先購買。我們在上層，勢須自動「下放」到最底層的大統艙，方可伸手與岸上小販市易。大統艙屬四等廣大人民群眾。豬仔、肥鵝、喧鴨、鳴雞、籮筐竹籃、陶瓷、木器，摻雜男女老小，汗糗體臭，人、畜、物，渾然不分，鬧騰一片。情景一似當年。三十寒暑，所謂新舊中國，也不過一字之差別罷了。

一位精壯婦女，滿面汗水，擔了大小數個蓆包竹筐，背著小兒，牽了一對四、五歲大兒妹，踉蹌登船。氣咻咻嚷叫哥哥去搶佔靠牆一塊地盤。孩子攤開細瘦手臂，驚惶奔向艙壁，卻被一位中年男人一把推開，我望著那孩子無奈的呆站在那裡，緊緊牽牢了妹妹。婦人卸下了挑擔，蹲地解衣哺啼哭的幼兒，扭頭用袖子拭汗的剎那，與我目光相接，頓覺一陣寒意直透後心。

回到本艙，船已續航。我在舺板依欄，迎著江風，那無限春意卻怎麼也吹不開緊鎖的胸襟。這一直到服務員小李再度出現，以其伶牙俐齒向大家繼續介紹江岸景勝，夾說些傳聞掌故的時候，我才有心的轉移了注意力。

李章富，三十八歲，重慶石家沱人氏。在此船上服務已二十年。但見他手指著岸上的長壽塔，以抑揚頓挫的川腔，唸出了一段描述舊社會船伕離家出川，為雇主遣散，流落外地跋涉還鄉的「順口溜」：

船出南津關（三峽出口），兩眼淚不乾。
要想回四川，真是難上難。
賣掉破衣裳，買個破砂罐，討飯回四川。
見了長壽塔，就把砂罐打。
低頭想一想，還有一百八。

後四句大意謂：歷經苦辛，誤把長壽（塔）當文峰（塔），以為到了重慶而大喜若狂，將乞討的傢伙也砸了。及發覺去鄉關實際尚有一百八十里，又垂頭喪氣，悔之已晚。

小李是「新社會」長大的，幼時可能見聞過舊社會「小資產階級」魚肉百姓的事。即使如此，也許不會留下深刻印象。有趣的是，聽其語氣，似為頌新斥舊。殊不知說者有心，聽者更其有意，這順口溜也正好用來做為大陸知識青年被強行送往外地插隊落戶，受不了苦辛，大批潛逃跋涉回鄉的寫照。

長壽縣設在江岸上的造紙廠，排出大量工業廢料，匯注江中。黃白色的泡沫浮在整個江面，長達里許，彷彿我們是乘坐在破冰船上。一隻小火輪逆流而上，前艙橫排著「堅持實行四化」六個車輪大的紅字，像隻蝌蚪吃力地挺進著。

夜泊萬縣。

船上服務人員說，萬縣城開不夜。這樣的形容，不知是用辭不當，抑是大陸上政治宣傳不實誇張日積成習的作風，聽來有啼笑皆非之感。連上海、重慶對此一語都受之有愧，莫道小小一縣城了。寧可信其有，不願信其無，於是懷著這樣的期望下船，等待「實際檢驗真理」罷。

走過一段河壩，又爬上石階百餘級，來到一條橫街。燈光昏暗，人影幢幢，自由夜市正在悄悄進行。只有三、四家小食店尚在營業，顧客寥寥。倒是街上人潮熙攘，我們也就跟著趕熱鬧。此地以竹藤手工藝品著稱，大小家具沿街擺放，間雜以吃食及水果小販。

巡禮一遭，買茶葉蛋十枚、柑橘三斤、紫竹長菸桿一隻。正欲落階返船，階旁一婦女手執香菸數包前來兜售，各不相同。順手購得一包，月光下視看，蕪湖牌，安徽菸廠出品。看來當是其良人或親友遠方捎來者。

回船近十一時，遂以茶葉蛋供眾人消夜。色澤淺淡且乏茶香，較之當年在西門町電影院前購食者相去遠甚。同行諸君鑑於次日清晨過峽，皆紛紛歸房早睡。我獨立舺板上，寂寥凝視，「星沉平野闊，月湧大江流。」燈火依稀，晚風其涼。

春天是麯，江水風流。自古以來早被多少雅士騷人取江水以釀佳醅，或吟風月，或澆塊壘、或咏史物、或歌宇宙。而今我縱浪江上，千古興亡，國事天下事，百感交心，覺得異常的淒涼與悲哀。興不起「哀吾生之須臾、羨長江之無窮」的浩歎，而是覺得半世紀的中國命運，人民的苦難，都如不盡長江，永無了時。

夜深沉。耳邊彷彿又響起了白天在休息室中所聽見的李谷一歌聲，如泣如訴。每一個音符都被寒風譜入了江水，這首〈春江夜曲〉，由哀愁低沉的江聲伴奏著，緩緩流瀉：

可曾記得那一年，
億萬顆心遭受摧殘。
朵朵白花浸透了淚斑，
我們千遍萬遍將你呼喚。
可是你悲愴無言，匆匆離去，
不願踏進我們破碎的心坎。
春天啊春天，可愛的春天，
願你永遠留在我的心間……

一九八一、九、二二・加州山景城酒蟹居

雲夢金陵一日間

一

今晚夜宿江上。

明朝過峽，即使情傷如何，也要勉強自己多睡一些。杜康解憂，回艙滿斟一杯飲下，原期倒頭便睡，無奈輾轉難以入寐。夜深忽憶少年事，嗚咽江水到枕邊。只覺心口熔岩洶湧，一顆酸澀滾沸的淚，終被擠壓迸出，自眼角沿腮落下。驚歛強自鎮定，我是為何哀慟？為誰垂淚？是為歲月如流，「長為異鄉客，每憶故時人」傷悲嗎？抑是為喪亂中無計的死去同胞，還是為劫後餘生苦難的人？若是前者，一己私情，在這擾攘時代，與我感同身受的又何止千萬，不過徒然暴露自己的幼稚脆弱罷了；若屬後者，這一滴眼淚，又怎可度量亂世非筆墨所得以形容的不幸於萬一！那麼，是為了春華不再，「無限江山，別時容易見時難」嗎？果是如此的話，我倒寧可忍淚吞聲，待天明過峽，癡對守在江濱那含情迎送古往今來天下客的巫山神女峰，黯然銷魂，噙淚揮別。自此春雨秋夢，埋名異鄉，江湖老去，今生不再相見！

自己是何時和衣睡去，船是何時啟碇夜行的，都已全然不記。五時半醒來，昏昏茫茫之間，只覺船身微搖，外面風疾雨勁波翻，嘈嘈鳴耳。奪門看視，飆風刺胸打面，飛捲起一片水霧。打聽之下，船已進入瞿塘峽，白帝城早過了。揉開惺忪睡眼，只見兩岸峭巖千仞，雨箭簇掃，晨光乍現之下，彷彿森森壁壘的排列兵陣執戈配刀的黑袍武士，殺氣騰騰。衣上淚痕雜酒痕，拂曉風雨過夔門。我向舺板靠挨過去，激浪夾雨，交渾陣陣撲來。向前望，峽道迴折，船身盤左彎右，江水急瀉，一切都在濛濛漫漫之中。我抓緊濕漉寒涼的鐵欄干，兀自站立，傾聽長江的怒號和風雨的淒訴。

長江，我一向認為是中國大地的慈母，是端莊、雍睦、慈和，能夠寬忍一切的，就像所有在困境中展示偉大母性的婦女，她們可以為兒女捨生一無怨悔，更無一滴眼淚；但是，當橫逆暴力強行奪去兒女的生命，痛感天理泯亡的時際，她們會搥胸搗地，那種蒙冤無由申白的哭嚎，驚震鬼神。那樣的哭號定不是弱者的表現，相反的，是向宇宙世人昭雪控訴的大勇。

巫山十二峰都在過眼雲煙中隱泣。而終於風住雨歇。驀然回首，曲水峰迴，「舊恨春江流不斷，新恨雲山千疊。」空餘無限情。

船過秭歸。凝望江岸，彷彿見屈子顯身，散髮臨風，低悵行吟：

長太息以掩涕兮，
哀民生之多艱！

我生平所見第一條長江，是在故宮博物院珍藏宋代北派大畫家夏珪的長卷上。展卷迎首五個大字——「長江萬里圖」，氣勢非凡。大江一瀉入海，噫吁！只有這塊華夏錦繡大地才當得起萬里二字，才有如此浩蕩大江，才有夏仲昭這樣的大手筆，以磅礡神韻而移江奔流紙上。中國之大，江河五嶽以展之；文物美盛，民族精髓以貫之。萬里大江，領盡千古風流，而今竟成了一條裹屍布，真不能不令人震撼，復不能令人置信。

幸好這一程水路在未抵宜昌前之蓮沱告終。否則，愁思綿綿如江水無盡，心眼所及，將不勝負荷。自蓮沱乘汽車至宜昌，公路沿江岸高處伸延，下瞰江水，又是一番氣象。按行程安排，當日下午參觀葛洲水壩奈因天雨作罷，乃決定夜車去武漢，不在宜昌過宿。

賓館小憩，主人在樓上奉茶。大家徐徐登樓，見樓梯口沿牆重疊著嶄新金屬製痰盂數列，一字排開。粗略估計不下五十，在午後室內陰晦的春光下閃閃生輝。此物睽違久矣，一時歎為觀止。過去十年來，中共領導人接見外國貴賓，此物都與主人透過衛星傳播，同時亮現在螢光幕上，舉世滔滔，也算出盡風頭了。中共破四舊剷封建，今天又大力提倡「五講四美」，這樣落伍的清代遺留的穢物，倒是實在該取締，因為太丟人現眼了。

臨窗外望，遠近濕漉漉泥濘一片。但見距離數丈遠處有一製傘工廠，樓高六層，沿窗掛滿了撐開的傘，大大小小，色彩不同。但願這是在人為的暴雨狂風之後，思作綢繆的徵示。

二

夜十時二十五分乘快車去武漢。仍係軟臥，也仍是三三分宿。我與楊牧、清茂同室。

車行未久，已到就寢時間。服務員進來沏茶，順便囑告大家車上有鼠，請各自注意箱篋，如有食品務必取出。初不敢置信，也不願置信。但見告者甚為誠懇，雖於心戚戚，還是聽了。感想是：在這塊土地上，端的是anything can happen。

次晨起來，鄰室歐梵、紹銘、愁予三君子面色倦黯，知為鼠患折騰一宿。第三室陪同人員鼾睡不察，提包上竟被咬破一大洞，損失花生一包糖果若干，紙簿衣物無恙。鼠輩擾人禍害，連火車上也如此，安身立命難矣哉。

上午十時一刻抵武漢。瀟瀟雨歇，但春寒襲人。

我們落腳之處的璇宮飯店，為四十年代「解放」前建築，老式、朱瓦。進室推窗一看，遠近宇舍皆朱瓦，頓覺滿眼亮麗鮮活。黑瓦頂、灰悒破舊的牆壁、藍灰色的人民裝、灰悒的臉，再加上灰悒的空氣，正常人不患慢性悒鬱症者幾希。

武漢三鎮，武昌轄行政文教、漢陽掌工業、漢口重商。市區街道寬廣，也頗整潔。商店毗連，百業振興，理髮室、鐵匠鋪、膠帶電焊、中藥鋪、衣帽鞋店、電器、洗染、冷熱飲食、鐘錶、牙醫、旅社……以市易繁榮而論，所經之地，以此為最。對我而言，武漢更有特殊意義。幼年隨家逃難抵此，記憶開始萌芽。如今彈指四十二年過去，白髮書生神州淚。

下午參觀湖北省博物館及武大。兩地皆在東湖風景區。

博物館中正展出戰國早期曾侯乙墓出土文物，此行不虛。曾侯乙墓於一九七八年夏在隨縣擂鼓墩發現，為一大型木椁墓葬遺址。出土文物計有青銅禮器及用器、兵器、樂器、車馬器、金器、玉器、漆器、竹器、木器並竹簡等類，凡七千餘件。樂器最為矚目，包括笙、排簫、竹笛、瑟、琴、編鐘、編磬、鼓等一百二十餘件。其中排簫、建鼓、十弦琴及五弦樂器多種都是考古上的新發現。竹笛更證明了是我國出土年代最久之橫吹樂器實物。看過了西安秦兵馬俑，於此又見禮樂早期文物，但覺文治武功，在久遠的時代便已大備於中土，睥睨世界；而今，怎料到二千五百年後，文武雙雙式微，不但一切求諸西土，竟連立國的制度都由西方移植過來，我心難平。

與隨縣文物同時展出的，還有董必武革命文物特展。大紅布幔高懸在隨縣文物展之上，這跟成都杜甫草堂內掛滿了中共政要的題字一樣，殊令人難耐。這種腐敗的帝制官僚作風，非但未予割除，反被鼓勵發揚光大。這樣的事物，越看越多，也越來越覺得革命的粉飾太平性。

自博物館環湖去珞珈山武大。我們參觀了圖書館。中文系、外文系的圖書期刊雜誌，約得七、八書架，而馬、列、毛著述又佔了約三分之一。書籍大多破舊，文革前出版物不多見，桌椅也簡陋陳舊，圖書館大廳顯得空空蕩蕩。回想文革時期，怕也就是革命口號四壁亂撞了。

武大環境幽靜，黌舍為中式琉璃瓦頂，樹木扶疏，依山面湖，景色宜人，實在是讀書的好地方。站立珞珈山上遠望，大江東流，龜蛇峙鎖，一橋飛跨，形勢萬千。這裡是江夏古地，早在二千餘年前，漢陽的鸚鵡洲即是商船泊匯之處。而漢口、武昌則相繼建於一世紀至三世紀。自太平軍興、辛亥起義，此一華中腑臟躍身而為革命要地，百年之中，多少仁人志士，血染大江。而今晴川歷歷、芳草萋萋，不禁春風回首一沾巾，恐怕只有江水解語，可以道盡滄桑了。

晚間與清茂、紹銘、歐梵上街漫步。中山大道上，有活動霓虹廣告數起，把夜市點綴得多彩多姿。

我們看了幾家鞋店。櫥窗中所列，雖泰半仍屬黑色，式也樸拙，但也有黃、藍、白、紅的女鞋出現，且有幾雙短腰小靴子。我們開玩笑說，靴頭再尖窄化、靴跟再加高、靴筒再加長，甚麼時候有這樣的女靴擺在店中，穿在年輕女人腳上，就有點希望了。兩家照相館的玻璃窗裡，懸掛著數幀放大彩色結婚照，女士燙髮塗唇膏，白紗禮服；男士西裝革履，可見，如此打扮，仍是人民想望的。經過幾家影劇院，彩色廣告或海報上消失了昂首、挺胸、瞪眼、咬牙、握拳的英雄樣板，代之以嫵媚女性與多情少年，「花枝俏」、「好事多磨」、「情天恨海」……從名目上已可窺出氣候的轉變。這也證明，革命連粉飾太平的表面意義，都遭人民否定了。

三

三月二十五日，一早起床，匆匆漱洗未及用餐，即趕去機場飛赴南京。

這是我第三次到南京。首次是在抗戰初起，當時尚無記憶。第二次是戰後自渝還京，方是少年。此度又至，鬢邊秋霜，早為人父，以近半百孤子之身作客。「猛抬頭，秣陵重到。」半世紀中三臨此都，目擊國家大變，民族浩劫，我真羨慕那些活在太平歲月裡，無寵不驚過一生的芸芸大眾，寧可對過去動亂的大時代，只須輕輕道一聲：「予生也晚」算了。

我們在南京只有約十小時的盤桓。南京作協派了一輛性能好的「麵包車」載著我們窮跑，連賓館都沒去，就從機場直赴玄武湖。

公園經過整修，頗覺悅目。由於時間緊迫，未能遊湖，只環湖岸上行走。遙望臺城，由於天光陰晦，柳色朦朧，似夢如幻。「依舊煙籠十里堤」，仍然給你無情的傷感。

自玄武湖至中山陵途中，我完全浸緬在回憶之中。當時年少春衫薄，夥同三五好友，不願擠乘公共汽車，坐馬車去。就愛那份似懂非懂的風流。閉上眼，沉聽馬蹄達達，在薰風中懷古。如今馬車早已絕跡，即使仍有，怕也是「舊時天氣舊時衣，只有情懷不似舊家時」了。

過玄武門（中山門），鍾山已經在望。大家紛紛下車拍照，一時城裡城外，進進出出。城門磚石雖有脫落也略呈暗黑色，但，穩重格局、雍容氣象，依舊令人心折。懷古最苦，就因為是在難以排抗的現實下作多情回顧。事如春夢，卻把感情提昇到虛無飄緲之境去捕捉蝶影，之後，再忍受周遭空虛的錐心蝕骨。

當年到中山陵何可勝計，最大興趣是在石階上下賽跑，卻從來未曾數清石階級數。創業維艱、締造民國的一代偉人長眠於此，對少時的我來說，是未能全然有感於心的。但是，此度登臨，拾級而上，卻是舉步沉緩，不在細數石階多少，我是在默念著一階階所纍積的多少憂患歲月。半世紀中，中國經過了兩次史無前例的驚天動地革命，而目前中國仍是衰敗待興。

望著刻了中山先生手寫的「博愛」、「平等」、「自由」和「天下為公」的牌坊，青天白雲，日朗春開，紫金蜿蜒如龍，這等非凡氣勢，卻為甚麼偏令我想起「六朝如夢鳥空啼」的詩句來？為甚麼中國不能跟英國一樣，一次革命，奠定了立憲大業；如美國兩次革命，建立了民主共和？難道中國就真是跳不出「天下分久必合，合久必分」那句說書人的口頭語，我們的民族歷史定然要在分合之間延續麼？「革命尚未成功，同志仍須努力」，中山先生這兩句話，誠令人發亙古浩歎了。

我們自中山東路西行經大行宮到新街口，市容依舊。南折中山南路，我知道下去就是建鄴路和白下路了。當年自朝天宮東行沿此二路到就讀的鍾英中學上學。從朝天宮向西，不遠就是莫愁路，折南過水西門就是莫愁湖。

我們下一站就是莫愁湖。可是汽車並未循我心中期望走過的路線，我們是從建康路繞去水西門的。

公園勝棋樓上適有書畫展覽，遂登樓一看。有仿板橋體書「借來甚好，到此莫愁」一聯及仿山谷體「野火燒不盡，春風吹又生」香山詩句，字大墨濃，頗為醒目，顯然都是有感而製。此外，有一幅楷書毛澤東詞，簡體字也出現了，令人不忍卒覽。

下樓漫步，天光漸晚。民國三十七年冬離京前夕，我與同班好友左世彰、李鳳揚二君在湖畔話別，曾留影為念。抵臺初期，尚接獲左君一信，附來該日所攝照片，並謂即將離京回湖北老家，再作聯繫，後會有期云云。孰知自此音訊杳寂，是生是死也不得而知了。徘徊湖前，往事猶昨。那湖水平靜如鏡，誰會知曉一世動亂早已映在鏡中又已過去！

夢驚殘夢裡，愁在莫愁邊。

朱雀路、烏衣巷、夫子廟，都改了名。改不了的是那地方。孔尚任說「那烏衣巷不姓王」，卻也不易劉禹錫的詩句將與那塊土地共存於歷史的事實。歷史也更不因名姓之易改而失真，這就彷彿秦淮河水從悠古一朝一代流下來，流失的是河水，而歷史卻已永遠沉埋河底一樣。千年以後，秦淮河可能改道，南京城也許平為廢墟。過去的一切都將如折戟沉沙，交由宇宙的時空。而所發生的一切，本身也不帶有任何價值判斷，榮辱褒貶，興亡更迭，都得留待後人。毛澤東定然知道「固一世之雄也，而今安在哉」的道理，卻仍瘋狂作為。我站在中華門六朝斷垣上，癡癡下望秦淮河水，河水無聲緩緩流著，沒有任何表情。

匆匆繞去雨花臺一行。那裡已由當年的刑場闢為烈士陵園。翠綠扶疏，墓表高聳。但是對我來說，雨花臺的意義只存在於歷史與生活回憶中。我喜愛梁朝雲光法師在此講經因感天而雨花的浪漫傳聞，也愛在地上可以揀拾五色繽紛晶瑩如玉的小石頭。歷史傳聞虛縹不可捉摸，姑妄聽之，而記憶卻都凝聚在無數晶瑩的小石上。我的確買了一包雨花臺的小石粒，但不在產石之地。我是在長江大橋招待外賓的小賣店買的。

我問賣店梳辮的年輕姑娘：

「雨花臺的石頭為甚麼不在雨花臺賣？」

「外賓不會到雨花臺去的。」姑娘嫣然一笑，順手揀了一碗最美的石頭，倒掉清水，包好給我。

我忽然想到舊金山的小紀念品，幾乎全來自東洋日本；華盛頓州前兩年聖海倫火山爆發，火山灰一夕之間變成了紀念品。但是，有多少觀光客注意舊金山的紀念品是來自日本？有多少觀光客趕到聖海倫火山下去買一包火山灰？而我能到雨花臺遍地去找小石麼？在一位未見過世面的姑娘面前，竟問出如此愚蠢的話來，越覺得單純的可愛可貴了。趕赴機場之前，繞道南京畫苑。購得文徵明〈前後赤壁賦帖〉一本，鄭板橋〈乾隆乙卯潤格拓片〉一張。拓片上有「大幅六兩、中幅四兩、小幅二兩、書條對聯一兩、扇子斗方五錢。凡送禮物、食物總不如白銀為妙，公之所送未必弟之所好也」數語。文人疏宕瀟脫、幽默可愛的性情，在唯物主義的「新中國」也不能見容。舞文弄墨、好大喜功，毛澤東與乾隆無獨有偶；但是，對於知識分子，毛澤東竟連異族的乾隆尚不如了。中國歷史上，帝王色厲對待自己同胞，內荏優寵外族的作風，不幸在「革命」後的「人民民主專政」的社會，仍未有改，悲夫！

一九八一、一〇・加州山景城酒蟹居寄寓

春風又綠江南岸

一

又是在夜裡到達上海。

一路風塵，此行漸近尾聲。特別是自北而南，由蕭索、曠瘠、疲憊、晦暗進入溫潤、秀朗、嫵媚、豐饒。越走越柔，也越行越綠，心情也為之逐漸鬆弛下來。

住進原先法租界的錦江飯店，其洋派豪華氣氛，一點未因「革命」而稍改，洋人仍多是第一印象。服務人員儀容、表情、應對談吐，都彷彿受過特殊訓練。其制服之貼身、挺拔，其眼神之捷敏，其動作之精熟，大概就是所謂的「海派」罷。上海就是上海。上海人這麼說，別人也這麼說。不問語意，確是如此。

我們在上海一共停留四天。除了一次座談外，主人並未預先替我們作任何特別安排。而且聽罷我們在十小時內作了前所未有的金陵懷古遊之後，咸表佩服，更有意讓我們盡量輕鬆輕鬆了。

各自歸房安頓了行囊，由於時間尚早，大家決計到旅館外面附設小吃部翠竹餐廳消夜。餐廳內別無客人，有檯面七、八張。我們揀靠牆的一張坐了。稍頃，在外間圍著年輕、俏美、鳳眼的女收賬員談笑的兩位男服務員之一，收斂了笑容踱過來，丟下兩張油漬斑斑的菜單，又轉身談笑去了。我們要了啤酒、小籠湯包、細粉和燻魚麵，都是滬式點心。味道距想像中者相去遠甚，莫說無法媲美臺北，即連舊金山華埠也大不如。

食用之間，又有兩位衣著隨便之洋外賓進入，口操英語，知為老美無疑。他們枯坐守候空桌良久，竟不見服務人員過去招呼。我們去付賬，另一位男服務員才勉強抽身前去應付。這時，旅館內有人打電話來要求room service，女收賬員居然堂而皇之以「人手不夠，工作太忙」為由掛掉電話，繼續談笑。也就因此，連找錢給我們也忙中出了錯。

在此順便一提對所經各地賓館服務印象。北京服務人員基本上盡責，但態度嚴肅，過於不苟言笑；儀容良好，衣著卻稍顯寬弛，把年輕人的氣神打了折扣。西安人員鄉土氣息略重，儀容欠佳；基本訓練不夠，動作生硬，衣著也不甚整潔。成都最好，都是旅遊學校的實習生，小伙子精神抖擻，服裝潔整，表情活潑，效率高，大概由於事關未來工作分派，力求表現之故。但是，對外賓來說，一般都留下良好印象。這種以學生分批代替鐵飯碗不倒翁，提供最佳服務的辦法，值得其他城市借鏡。上海青年最帥氣，但有顯著的海派作風，或過殷勤，或滑頭敷衍，或勢利眼。我們在翠竹餐廳所見即是一例，設若那兩位洋外賓換成打扮入時體面人物，或會得到較佳待遇。我自己更有一事以為佐證。由於箱篋過重，我取出一部分親友所贈土產給了打掃房間的服務員，竟換來一日為我三拭皮鞋的殷勤（按，規定服務人員不得接受外賓贈物），大為同行諸君羨慕。

第二天早上妻的姑媽姑丈來訪。我在離北京前夕曾短箋告以抵滬日期，惟因不知下榻何處，表示俟到達後再作聯繫。殊不知他們急於與親人見面，早已打聽出我們行止自行前來。長輩移玉屈尊過訪晚輩的事，大概也只今日大陸才有。在北京時，妻的七叔和堂兄，也都是以地偏住所狹小破舊為由來賓館相見，初頗惶愧不安，但於了解各方困難及實情後，同意這是最妥便辦法，也只好「逆來順受」了。

因為下午三時以前沒有活動，遂應二位長輩堅邀午飯之請。他們聲言家居不遠，步行約半小時可達，務必先去斗室小坐。住處是一幢老公寓，二房一廚一廁，與兒子、兒媳並孫女合住，月租百元。二老所用一間臨街，窗前不便放置家具，故四壁僅三面可以利用。兩床兩書架幾將小小一間屋子塞滿，中間置一小圓桌，無坐椅，更覺迴旋困難。我們沿床而坐，文革痛史與三十年來遭遇都不多談，姑丈頻頻詢問美國各種情況，抽菸不停，時而閉目陷入沉思，空氣為之凝息數次。

姑丈姑媽早習音樂，畢業後志同道合結褵，都在音樂院培育青年才藝。文革期間，知識分子蒙難，他們自不能倖免。如今年事已高，雙雙退休，閉門授徒以補家用。有子一人繼承家風，上海音樂院鋼琴系畢業，兼能作曲，畢業後以成績優異留校執教。文革時先參加勞改，再被下放到一中學任物理教員，所學荒廢，七年不問藝事。兩年前，方始調回母校工作。有女八歲，聰穎伶俐可人，得兩代香火藝韻，彈一手好鋼琴，年初曾獲上海市兒童鋼琴比賽大獎。

午間在附近一小館吃飯，六菜一湯，啤酒兩瓶，主人破費近十元人民幣。姑丈本不善飲，因有親自遠方來，勸飲頻頻，兩杯落肚後已薄有醉意。閉目倚牆，下頦微顫，任一根香菸在唇邊恣意燃燒。又不時張望著坐在一旁進餐的孫女，憐愛之情，在那一雙彷彿除夕爐火夜深漸盡的老眼中閃出微弱的火光。我忽然想起來兒時唱過的一首黃自歌曲，大概就是他此時所想的罷：

記得當時年紀小，
我愛談天，你愛笑。
有一回並肩坐在桃樹下，
風在林梢，鳥兒在叫。
我們不知怎樣睡著了，
夢裡花兒落多少！

下午會見巴金，泛談大陸文藝主題。這位當年文壇大老，聲稱除了揭露黨政幹部生活腐敗、四人幫迫害善良無辜摧殘人性之傷痕暴露文學主題外，定然還有光明健康值得寫實的一面；卻又不願背誦教條、提及框框，一意在挖掘詞彙委曲求全，很是替他難過。我心想，像浩然的「艷陽天」、「金光大道」樣板時代，大概永遠一去不返了。巴金自己也一定知道，那樣的作品，即使堆滿所有書店，也是乏人去問津的。濃雲密佈，大地晦暗，生活中哪裡有光明面之可言。

次日上午參觀復旦大學。得與豐子愷哲嗣豐華瞻晤談。「解放」前夕，他正是一位三十歲左右的熱血青年，自稱是載欣載奔，由美歸國，參與新中國文化建設大業。豈料三十功名塵與土，八千里路雲和月，淩霄壯志聚凝為草上寒霜，只換來滿頭蕭蕭白髮。目前在復旦外文系擔任比較文學課程，有子女各一。浩劫之後，與老伴悄然在家守拙度日。

話題自然不免提到他的尊翁。始知豐子愷老年並沒有他的這份清福，文化大革命的狂風暴雨中，成了一株被洪水劫洗出地面失根的含羞草。先是他的《音樂入門》一書被指名為「大毒草」，繼之造反派強迫他承認小品文〈阿咪〉是惡意影射反對毛澤東，更堅稱他的美術作品〈臨水種桃花，一株當兩株〉和〈滿山紅葉女郎樵〉是攻擊「三面紅旗」政策及污衊人民公社的大逆不道行為。豐子愷死不承認，而被剪去與世無爭蓄了數十年的飄逸長髯，背上再被貼了大字報，頭掛黑牌遊街。侮辱示眾之不足，又被責罰掃路洗廁，下鄉參加三秋勞動，睡濕地、沐寒水、早出夜歸，還要挑燈趕寫心得報告。七十老翁，終於在七十年代初期感染中毒性肺炎，昏迷不醒數日。病稍癒，恢復藝繪，再被無理加罪，稱其不知悔改，二度慘遭抄家批鬥。文弱、慎獨、讀書勤藝不與俗流的緣緣堂主人，借菸酒解愁，而於一九七五年含恨長逝。

泥龍竹馬眼前情，
瑣屑平凡總不論。

最喜小中能見大，
還求弦外有餘音。

這是一九六三年，文革之前，作者在其《子愷畫集》出版時的代序七言詩。「泥龍竹馬」一語，原出他在民國三十年貴州遵義客寓重繪《子愷漫畫全集》序文中「三歲嬌兒新放，能拿竹馬泥龍來供給畫材」句。這樣瑣屑平凡的東西，都成了瞎亂操心，有野心而無人性的政治人物如張春橋等心中有的之矢。這種人善捕風捉影，作賊心虛而專以「莫須有」治人以罪，當然，「最喜小中能見大，還求弦外有餘音」的白紙黑字，就成了豐氏罪不可逭的鐵證了。

自復旦大學回返市區途中，在一十字路口因紅燈停車。右側道旁公用水喉前有一少女在涮洗馬桶。楊牧生長臺灣，不知此為何物，乃語告之。他急取相機拍照。這是我此行所見唯一的一個馬桶，也但願這真是不幸被我們撞見的全上海唯一的一個。

說起馬桶，順便一提大陸上廁所見聞。

一般來說，除高幹寓所、機關組織自有私廁外，人民大眾都用公廁。兩年多三年前，朋友去大陸旅行，深入偏遠地區，廁所簡陋不堪，無篷無門，牆角有小鐵盒一個，盛放竹片石塊，用以代紙。現在如何，不得而知。四化停滯，想來不會有奇蹟出現。我在北京時，某次與司機小戴閒話及此，據稱，市內公廁左近常有輕薄少年出沒，天黑後，姑娘不敢隻身去闖，都是結伴而行，或由家中少壯男人在外把哨壯膽。我們在重慶夜間逛街，也有一次經驗。隊中有人內急，陪同人員大窘，肅容一再相問，是否可以強忍到立刻上車回賓館。答稱曰否，陪同人員只好斂眉說道：「隨我前來。」穿過三條街口，折入一窄巷，再曲轉數度來到一茶座前，遂以手指左側黑漆一片處，道：「這就是了。」客人如瞎子摸象，臨淵履薄，小心探步向前。在相去約一丈遠處，忽覺腳下滑軟一片，不敢再進，只聞前方隱約有呻吟之聲，卻未看清廁址所在，不得已而就地做出孩提以來有失體面的不公德事。

晚間與楊牧、清茂飲酒夜話。清茂昨日清晨接獲秋鴻大嫂越洋電話，知老母病故。此時窗外淒風苦雨，客地失親之痛可知。他已決定次日離隊趕返臺灣奔喪。我們也談到中國前途及人口問題，都無答案。這樣話題，已經數次議論，總是不歡而散，今夜仍如此。

回到房中，燈下臥床翻閱新出版的《上海文學雜誌》(一九八一年三月號)，有成柏泉〈批評家的責任及其他〉一文，寫了這樣的話：

> 如果說批評家的責任只在於適應某一個時期的需要，高則作道德的說教，次則不過成為傳聲的圖解，那麼，批評家的責任這個問題，不僅已經解決，而且批評家早已是克

盡厥職了。不真實，這是我們批評家用以指責他所不喜的作品的一根標尺。而標尺的標碼則是依照生活的真實（即「生活中不可能有這樣的人和事」）來刻制的。拿這根標尺去衡量作品，當然就不能有合格的作品了。可悲的是，這裡暴露了對於藝術真實不等於生活真實這一規律的無知。

同雜誌一九八〇年十二月號王紀人〈為鏡子說辯護〉一文，更進一步說：

近幾年來的文藝創作，再一次表明，愈是忠於生活，愈是真實的揭示了現實矛盾的作品，也就愈是具有強烈的人民性，因而獲得了廣大群眾的熱烈支持和歡迎。我為鏡子說辯護，正如一些作家所憂慮的那樣。當鏡子反映出來的東西是生活中那些不太美好、不如人意的東西時，有些人不是去追究和消滅生活中那些令人不快的事實，而是跑出來責怪鏡子。

成、王二君不知何許人，但在文中大膽表示要拆掉框框，求所突破，要「為文學而文學」的呼聲，充滿全篇。他們的正義感可佩，我也真為他們捏一把汗。

三月二十八日，陣雨添寒。

上午去城隍廟。人潮擁擠。少女春衫顏色富麗，量裁仔細，挺貼合身，而且十之八九燙了髮，不似北方姑娘寬衣肥褲，把青春氣息都放走了。張望間，忽聞廊前現代樂聲大作，既非李谷一也非鄧麗君，更非尖嗓門的民俗小調，而是美國流行快板熱門音樂。走近看時，一嬉皮型少年坐地，長髮留鬍，戴著骷髏眼般的大黑墨鏡，花襯衫（鬆開前胸上面三顆扣子），牛仔褲，叼著菸屁股隨身旁電晶體卡式錄音機搖頭晃腦。

「假華僑！」

陪同人員不屑地說。

也許說者無心，在我聽來，或是對著我們幾位真華僑、假洋鬼子而發罷。

在「綠波廊」吃過蘇式點心，即去遊黃浦江，瀟瀟寒雨中與清茂江濱握別。我們乘船隨滾滾黃浪去吳淞口江海煙波上遙望臺灣，清茂則隻身含悲搭機返故里。這樣的送別，夠沉重悲涼，也復浩蕩愁煞的了。

二

次日九時，寒雨仍不止。我們乘火車去杭州。

車上掛著的牌子是開往廈門，我忽然想家。客地鄉思，頃刻間只覺一片冰心，情感早馳向廈門，跳到金門，飛躍臺灣而去。

江南好。一片春光，一片綠意。平疇千里，遠山含情，漠漠禾田，都在煙雨茫茫中。「人人盡說江南好，遊人只合江南老。」唉！折煞人的江南春色！

我們住的西泠賓館，位於半山坡上。拉開落地窗簾，整個西湖呈現眼前。淡淡青柳，淡淡杏花，細雨還在飄灑，美得淒迷。我在窗前痴坐，不知如何調整自己的感情。今夜，我將擁守著西湖入夢。湖山多情，只怕「夜來風雨聲，花落知多少」，明朝夢醒的悵惘。「小樓一夜聽春雨，深巷明朝賣杏花」的詩情畫意，早隨歷史而不存。一時想入非非，但願歷史倒流，改元李唐，官拜杭州刺史，有真命天子在朝，國泰民安，衙事清寡，我得以與民同樂，詩酒風流。

一宿春眠覺來，西湖晨雨沐罷，遠山近堤，煙水矇朧，好似遺世佳人，雲髻鬆散，紗衣裹身，正在理粧。梳洗時，對鏡端詳，那佳人容顏映在鏡中，驀然驚魂，呀！三十年苦難，離散重逢，滴不盡相思血淚，開不完春柳春花，是西湖朱顏已改？抑是我浪子江湖老去？是我人在江南春雨中傷逝？抑是夢裡的江南憔悴如許？歲歲月月、暮暮朝朝、杏花、春雨、江南。年年此際，我在海的彼岸酒蟹居後園杏花樹下遙憶江南，而無我的江南僅餘空虛的夢。

世亂飄蓬，真真幻幻，可憐現實夢境兩茫茫。

極目千里兮傷春心，

魂兮歸來哀江南！

謁岳王廟時大雨如傾，忠魂淚灑千年。

據稱，岳坟於文革時遭毀，如今塑像是新的。破壞者也終未敢以陷害忠良的秦檜取而代之。石像泥塑皆可毀，毀不去的是天道人心。所有意圖篡改歷史顛倒黑白的人，其實都是天下可憐可笑的自欺者，「造反有理」的口號，如果他們真覺得有理，就不會拉起喉嚨大叫了。

我們在微雨中漫步白堤之上。水光灩瀲，柳浪傳情。抵達靈隱寺時，風住雨收，卻沒料到遊人絡繹，多得出奇。更出奇的是，胸前掛了黃色香袋，明目張膽的印上了「朝山進香」四個大墨字的老嫗少婦竟成群結夥。

「進香拜佛不是禁止的麼？」我訝然問之於陪同人員。

「禁不了囉！」對方語重心長地說：「本來嘛，這種事總比王佐強過許多。」

「王佐？」

「對不住，這是我們的習用語，意思是一隻左臂獨撐到底。」

「嘓嘓。」我漫應著，覺得譬喻有趣。

跨進寺門，見殿前有巨鼎，四周圍上了燒紙的善男信女。火光跳躍，紙灰飛揚。入大雄寶殿後，香火之盛，燻眼嗆鼻；而跪拜上香膜拜者更爭前恐後，規章禁令云云，全被焚之一炬。這種發自內心的虔誠，感應了我們也擠入人群，上香頂禮，別人所求何事我不知，我是真誠地為苦難的生靈祈福。

陪同人員語告：文革時，紅衛兵動員要搗毀靈隱寺。消息走露，為浙江大學學生知悉，漏夜趕往將全寺重重圍住，預備作殊死鬥以保此一千六百年的香火寺，終算免了佛門劫數。

次日三月三十號，去紹興。一路細雨霏霏。

沒有想到，我會在這樣的時節，深入江南，在早春。

抗戰時期，唱過一首歌〈夜夜夢江南〉：

昨夜，我夢江南。
滿地花如雪，
小樓上的人影，

正遙望點點歸帆。
叢林裡的歌聲，
飄浮著傍晚晴天。

而今我是由夢中走入真山實景，小樓人影大概仍是有的，也不知多少，他們遙望海上萬頃煙波，盼著離鄉遠適不知何時回家的流浪人。

路上青山掩羞，禾田盈翠，水渠縱橫。春光似綠色的蚱蜢跳躍著，一直跳到紹興。這裡，就是孕育出了融合哲學、美學、文學、科學於一生，注重人格教育，繼往開來的偉大教育家蔡元培，和柔情俠骨，為革命獻身，慷慨就義的秋瑾的地方。他們的軀殼早已死去，但，他們的精神，恰如富春江水，一片清光，永不枯竭，瀰漫人間，遠接天際。柔不茹、剛不吐的風骨，至少是散入了紹興的青山綠水之中。風雨如晦，春雲曉霧透著令人難以寧靜的愁煞氣氛，這是另一個大時代的兆示。我彷彿意識到，那樣前輩的鷹揚與激盪精神，終有一天，會再為紹興的真山真水添上一層更深的綠色。

會稽山下的蘭亭也在落雨。

崇山峻嶺，茂林脩竹，都在煙靄飄緲中。我們去右軍祠憑弔一代書聖。密室迴廊，清流映翠。我在「墨池」中所建的「墨華亭」留影一張，並購鼠鬚筆一對。廊下有盆蘭出售，芝香沁人，頗想帶一盆回酒蟹居中，卻礙於美國海關禁令作罷。

出祠來到曲水流觴之處。站立小溪旁，凝視雨水打落溪中，不禁想起父親癸丑年在臺北外雙溪流觴雅集舊事。父親於事後給我寫了一信，附來四弟所攝照片，並云：「恨不能在蘭亭為之耳。」稍後，又以該日修禊所用的木製斗觴一只見賜，至今仍置酒蟹居中。時隔九春，老父仙逝一載，真是「向之所欣，俛仰之間，已為陳跡，猶不能不以之興懷。況修短隨化，終期於盡。古人云，死生亦大矣，豈不痛哉！」

轉去大禹廟匆匆一看。姑不論大禹是否真有其人，但姑信傳聞其平治天下水患一事為真罷。十年浩劫的滔天洪水，禹王果能轉世，其能止之乎？

沈園未去，陪同人員說因舊址正在整修。其實，我倒並非想去感念放翁「春如舊，人空瘦」的兒女情，而是想摒息一聽陸游感激豪宕，「國讎未報壯士老，匣中長劍夜有聲」的蒼涼短歌行。

當晚趕回杭州，在西子湖畔「樓外樓」聚餐，放懷飲黃酒。三週行旅，將於明日返滬歸航結束，大家都心情沉重，越要以酒澆散。飲止八分而終席，蹣跚堤上，斜風細雨，湖水眼波兩茫茫。昏燈投下了人影、柳影，在波中搖醉。「若到江南趕上春，千萬和春住。」我來正是春天，而明朝即將離去。江南的春天永不會老，因為我知道江南的春天等候我的歸來。我也知道，總有一天，當「春風又綠江南岸」的時候，我一定會回來，在水光瀲灩中，自湖中撈拾起今天投下的影子，永遠和春住。

四月一日，一早就醒了，開窗看視上海在春雨中醒來。雨越下越大，由低泣而號啕。風把雨水掃進窗內，我沒有去關窗。相反地，我站在窗前，嚴肅地、慎獨地站著，凝望遠近一片濛濛。人聲、車聲、炮火聲、吶喊聲、夷人、華人與犬不得進入的租界牌示、四行倉庫、抗日英雄志士、漢奸、毛澤東、四人幫……一切一切都被風雨聲壓下去，洗刷去。東林書院肅然巍然在煙霧中浮現，豪雨落著。臉上、眼鏡上，被雨水澆滿，熱淚和冷雨交流著。我向上海告別，我向故國告別，我向故鄉告別。

飛機衝破風雨，劃開了如浩蕩離愁的天際。我在風雨交加、波濤怒翻的大海上空，取出一張袖珍的中國地圖，攤平了，和淚相看。我用手指再一次緩緩撫摸過此行所去過的地方，驀然，那海棠葉狀的版圖大得擋住了我的視線，也擋住了將如決堤的淚水。

我閉上眼，想起華滋渥斯(William Wordsworth)那首無題詩的前兩節來：

I travell'd among unknown men
In lands beyond the sea;
Nor, England! did I know till then
What love I bore to thee.
'Tis past, that melancholy dream!
Nor will I quit thy shore
A second time, for still I seem
To love thee more and more.

順手譯為中文，以結束此為時三週的故國行：

遠遊在江海，
舉目無親人。
一朝別故土，
始感此情深。

夢境丟難掉，
殘山疑是真。
我今歸去來，
羈鳥戀舊林。

一九八一、一一・加州寄寓

祝福

——給一位在北京故宮小九龍壁前遇見的陌生人

朋友：

恕我冒昧，我雖然有您的名和姓，但是，我卻躊躇良久，不知道該怎麼稱呼才好。

說實話，您或許不會相信，想來真是費解：生在中國、長在中國，從小讀中文、說中文，就連用中文寫信，也寫了四十年，不可勝計了。給家人、師長、親戚、朋友、甚至陌生人，頂多也只是為了慎重起見而字斟句酌，偶有停筆運思的時候。但是，確確實實，我可從來未有過現在這樣的惶惑，這樣的啼笑皆非，這樣的困窘。提筆再三，擲筆長歎，竟不知如何稱呼收信的對方！面對著先民留傳下來的這般美好、富饒、獨特的語言，忍受著目前這種含有強烈嘲諷的微妙感官經驗，我開始時是不勝驚訝，而終於痛苦難堪了。

但是，我仍然覺得，我必須向您表白。否則，您或許還誤會我是在強詞奪理地狡辯哩！

因此，無論如何，我請求您耐心聽我表白。

我第一個念頭是：用今日大陸上人民彼此之間的習用稱呼「同志」來稱呼您。不過，我究竟沒這樣做。您知道，在我的中文詞彙裡，「同志」是有特定意義的，是指「志趣相同」或「政治上同宗旨同理想」的人而言的，絕對不是掛在嘴邊的一個泛用稱代詞。何況，我們本來就是生活在兩個截然不同社會中的人，不過萍水相逢，遑論相知。所以，恕我不從俗的人云亦云了。再說，如果我對自己所選用的一個詞尚且不能認同其含義，這不僅對您是大不敬，對我更是毫無意義的輕率。

於是，我立刻又想到用你們社會上另一種具有「人民性」的一般稱謂，逕以「老徐」呼之。可是，反覆思量，仍覺不妥。理由也很簡單：一則我們相見不過是短短數分鐘的事，僅及三言兩語，何況您連我姓甚名誰，來自何方都不知道；二則如前所言，我們畢竟生活在兩個截然不同的社會裡，甚且，彼此之間不存在任何職務上的關係。最後，我想，何不就用萬無一失的「先生」二字算了？於我，這是對一位初識的人最大方、最自然、最有普遍性、也最最得體的詞彙，可是，於您，唉！三十年來在你們的社會裡，「先生」不是早就被「同志」唾棄、鬥臭鬥垮，僵硬的躺在地下了麼？三十年，不過三十年的光景呀！生活在被海峽隔開的兩塊中國土地上的中國人，儘管血緣相同，儘管使用著同一種民族語言，而我竟然因為找不著一個適當的共同詞彙，尷尬得難以啟口，尚且需要如此浪費筆墨，作原無必要的解釋來向您表白，豈非荒唐！

不管怎麼說，我們總都是中國人。「四海之內，皆兄弟也。」免掉特定稱謂，乾脆認個「朋友」罷。

三月十四號在故宮小九龍壁前為您拍攝的照片，已經洗出來了。雖然您一再懇求我早些寄去，可是時隔月餘，卻遲到今天，很是抱歉。那天下午，不過五時左右，沒想到早春三月的晴和日子，在風沙漫天的北京，已經暮色蒼茫了。照片上的人和景，都因此稍嫌暗了一些，只好請您原諒。

我記得非常清楚，就當我照完最後一張相，把相機扣好，在擴音器播報出參觀時間即將結束，催促遊人盡速離去的嫋嫋餘音中，正準備追上遠處朝我招手的朋友們，匆匆待跑的時刻，猛抬頭，站在一丈多遠的左前方，您正以一對焦灼、透出疑慮的眼睛向我這邊探索。環顧左右，不見他人，顯然您是在注視著我的。這種情形，如果發生在臺北或是舊金山的中國城街頭，也許我根本不會察覺，也許我察覺後會惴惴疾行走避。然而，就在我們視線交接的剎那，三十年的時空契闊，驀然凝凍成了一塊堅冰，冰層的底下波浪起伏洶湧，表層卻是厚實平穩。於是，您在略事猶豫後，迅速地朝我滑行過來。

「能不能替我照張相？」

沒有稱呼，沒有客套，短捷清涼的語音一直劃裂到我身邊。沒有躊躇，沒有回答，我微笑著打開了剛扣好的相機。當我調動鏡頭，瞄影的時候，在一方小鏡中看見您回頭向身後的一丈遠處揮手。九龍壁前，站立著的一位中年女人，如神龍出壁般快捷地游移前來。沒有介紹，沒有問語。她，舉起那雙粗糙但健康的手，自新燙的髮頂，以不太習慣的動作，徐徐滑落到新製布面粉紅色的短襖前襟上，而羞澀地抽回身後去。我於是在想：故宮裡有為遊客設置的專業照相攤位，而你們沒有去排隊，竟求助於我，一個來自大海彼岸的異鄉人，如果沒有足夠說服性的特殊理由，這樣做是為了甚麼？是寧可放棄一定可以得到一張黑白相片的機會，僅僅因圖虛榮，甘冒失望的可能，而向一位素昧平生的人換取到一張彩色照相的同情麼？或是說，您有萬語千言，無人訴說，一定要藉口照相，向一位陌生人吐露麼？或是……而我的一串疑惑，就在您將一張寫了姓名地址的小紙條放在我手中，連聲道謝離去的時候，霧散雲消，有了解答。

貴州省盤縣盤江礦務局火舖開拓二區……

我聽說——其實也是實情了，在您生活的社會裡，基於制度，夫妻因為工作單位不在一地，必須忍受長期遙隔的痛苦，端靠一年一度的「會親假」，作牛郎織女相會傾訴思念。那麼，你們一定就是這樣的罷。

多年夫妻也好，新婚也好，或者「她」是您的情侶也好，不管是哪一種情況，您為了要在下一次相見之前，爭取機會，希望藉可能得到一張彩色照片來回憶這次短暫而甜蜜綺麗的美好時光，而不惜、也不得不求助於一位素昧平生的人，所表現的良苦用心，溫柔敦厚的情感和單純的勇氣，讓我深深感動了。我不知道您在求助於我之前，已經籌計了多久。可是，您矜持的雙眸中，所透散出的巨大快慰和感激的眼神，卻強烈地震撼著我，竟使我緊緊牢抓著相機，從來不知珍惜而一味貪婪地按動快門的手，不禁因羞慚而微微顫抖了。

您來自神州邊陲的西南。我可以想像得到您的流雲湧瀉高原之巔的浪漫，凌越江河北上的豪情快意。但是，我也同時想像得到，在那遙遠的西南邊陲高原之上的西南方，一個連在地圖上都找不出有公路可達名叫盤縣的小城裡，還有多少沒有您這樣幸運，可以得到短暫自由的同胞，伸長細瘦的頸項，像墜了千斤而掙扎著要飄向青天的氣球，讓白雲遮蓋住了深陷的眼睛？唉！在盤縣以東，我也說不出來多遠，大約就是從臺中到高雄之間那段距離罷，有一個縣城叫做安順——好個名字！安居樂業的順民之城——您知道罷，那是我抗戰期間度過童年的地方。兵荒馬亂，五年辣椒拌糙米飯的歲月，把我的童年鑄煉成一根不屈不撓的鋼條。如今，伴我童年，同時被鑄造成一根根不屈不撓的鋼條般的善良順民，他們怎麼樣了？東門坡，那條用青石板鋪成的傾斜街道，還有馱煤的瘦馬走過麼？支倚著扁擔，站立在水桶後面，沿街靠賣飲水度日的羸弱青年仍在麼？「天無三日晴」的鬼地方，落雨時候，人們仍然撐著桐油紙傘，穿了笨重其堅如石的桐油鞋滿街走麼？青石板的街道，桐油紙傘、桐油鞋，這些熟悉的富有傳統地方色彩的東西，在今天世界高度現代化的繁榮社會，怕早消失殆盡了吧？可是，不知為甚麼，對安順來說，我倒寧可看見平整潔滑的柏油路取代了青石板街道；舒適美觀的皮鞋取代了桐油鞋；落雨的時候，人們可以乘坐汽車，甚至用大方精製的黑色尼龍洋傘取代發霉的桐油傘了。我當時強壓住無限的澎湃感情，沒有問您一個問題，怕的是，萬一您去過安順，萬一不幸您都給了我肯定的回答，我會更神傷難忍的。

有情其如無情，無聲勝似有聲。

我當時話已塞了滿腔滿口，只是沒有勇氣吐出。您知道嗎，您所來到的地方，正是我的故鄉嚩！我應該高高興興，以地主身分歡迎您來遊覽；我應該陪您去天壇、頤和園、香山、十三陵、長城……我應該請您去我家作客，奉以香片一盞，土產瓜果慇慇招待，我應該跟您暢談貴州，我應該……但是，我跟您一樣，不，尚且不如您，我只是一個來自迢迢萬里的異國，懷著回鄉的惆悵，在一個陌生地方的短期過客罷了。「國破山河在，城春草木深。感時花濺淚，恨別鳥驚心。」四十四載悠悠歲月，多少苦念，少小離家，雖是鄉音未改，而已然鬢白斑斑，卻要在四天後忍淚含悲別去，連四十四年來對故園破碎的夢都不能捕捉！那樣的心情，我能對您說甚麼呢？

雪泥鴻爪，我們邂逅於日落的北京古城，而您又是來自我童年熟悉的遙遠地方，這一切，都已是緣分了。

我們相逢於早春三月，如今五月將盡，已經是春殘時候。不過，春去了，還會再來。何況我們的希望永遠繫住春天！朋友，當野火蔓燒，燒盡了萬里河山上一切殘暴、恐怖、虛偽、欺凌、跋扈、顢頇，燒盡了人間一切苦難和不幸不平，春天定會播撒上自由的新種，「川原一片綠交加」。到了那個時候，長江裡流唱著洋洋春水，黃河的鯉魚再度跳躍，峨嵋山上的猴子又吱吱喳喳滿山滿谷，地上樹上喜啼亂竄的時候，我定然會回到我的故鄉去，永不再離開。落花時節，如果有緣再會，我當以地主的情誼歡迎你們，暢敘別後。我會再為你們好好照一張相，五彩的，在關不住的春光照耀下的天安門前。

珍重！朋友，祝福您。

一九八一、五、二二・

高處不勝寒

——追記沈從文在史丹福大學的一次演講兼悼王光逖先生病逝洛城

一

這兩年來，碩果僅存的三十年代文壇大老，自「四人幫」倒臺後經中共送到美國「作秀」的，前前後後我也見了四、五位。他們的「作秀」路線，都是由東而西，再由西而東還歸故土，西岸的舊金山是最後一站（夏威夷不算）。任務已了，賦歸在即，我總覺得他們稍顯疲憊卻又輕鬆的容顏上，透著依稀難言的惆悵之色，大概是「近鄉情怯」的心情使然罷。

臺灣報刊，邀請此間學界美籍華人知名之士來撰寫有關文章，或報導大老們在美活動兼以抒感，或按他們足跡回顧發微近代中國文學概略，或據某某人作品及其人和事為本，批判中共文藝政策，不一而足。我本來無意湊熱鬧，再多贅言了。可是，二月間見了沈從文之後，覺得這位唯一非官式訪美作秀的大老，與我前所見者大不相同。因而觸引起了我長久封存心底的一個嚴肅問題來：文學作家是否當為真理鞠躬盡瘁？故願就個人對於他們的印象，略述己見。

第一位見到的是錢鍾書。他也是看起來比較年少的一位。

錢鍾書是以中共科學院文學研究所（現改屬社會科學院）研究員身分來訪。而按他那次在史大亞洲語文系座談所講內容，也清楚的予人以「彼乃學者，非作家也」的印象。但是，錢氏當年是以創作知名，並非學術。問題是，即使在創作方面，作品也絕不能算是豐饒，不過一本小說《圍城》及雜文二、三冊罷了。他之所以飲譽文壇在於聰穎而才氣縱橫，加以博學強記，文學知識兼貫中西，更有「犀利拔尖崢嶸恣意的筆鋒」❶。這樣的人，在治學上允屬大材，但是，對一個「作家」來說，就似乎缺少民胞物與、仁愛寬厚的人道主義大襟懷，難免稍顯格局小了些。他的講演，英文雅典流暢，除了開始時簡略報告「文學研究所」組織工作外，縱談中外文學大事，旁徵博引，大掉書袋，更穿夾法文、拉丁文、俄文，就難辭「顯

❶ 見水晶〈侍錢「拋書」雜記〉一文，刊香港《明報月刊》一九七九年七月號。水文對錢氏作品及其文學觀，有細膩動人描寫，讀者可參考。

擺」之譏，益令人覺得他是一個站在課堂裡的學者而非接近群眾的作家了。與會者有人問他中共文藝政策及作家情形，他都避重就輕，草草帶過，而集中精力展示他對西方文學的知識，我是稍感失望的。

蕭乾予人的印象卻又不同。簡短報告了中共三十年來文學發展情勢後，總結是：四人幫倒臺，作家「解放」，前途一片大好。之後，就把發言權讓給了隨他同來，負責「中國作家協會」對外聯絡工作的畢朔望。畢氏能言善道，語音洪亮有銳氣，蕭乾索性在一旁閉目養神。我原以為此老在大庭廣眾前不善言辭，但在我會後開車送他們去柏克萊赴宴的途中，卻也出語幽默，有意無意地諷揶了中共對文藝的高壓政策。他掏出一張名片給我，上面印了「中國人民出版社，肖（蕭字的簡體字）乾」幾個字，笑呵呵地說：「我就像是一塊被削小了，壓得又乾又硬的豆腐乾。」我向他提起他早年當記者時，報導飢荒民困，純樸鄉土人情，如《人生採訪》一書中像〈雁蕩山〉那樣的文章，他卻含笑不語。自懷裡摸出一個鼻煙壺來，倒出少許，深深吸了進去，而後迂緩地、語重心長地說：「都過去了，回了老家囉！」❷他說話

❷蕭乾在「解放」後為了表示「前進」，於一九五一年到湖南（毛澤東老家）去參加土改，以「迎接這幸運地偉大時代」，而認為自己是「從二十年前自己鑽進去的那個窄小的牛犄角中鑽了出來」。參加

時眼睛是閉上的，面色肅靜得毫無表情。這時我的興趣忽然投在那個小小鼻煙壺上了。心想，這樣的東西，早就是博物館收藏的古董了，在大陸上，為了要把一切舊社會所謂「封建」的文化清除一盡，大多數人靠紙菸來鎮靜自己、來填補空虛的時候，他怎麼還留著對於「封建餘毒」不時吸收的東西呢？難道說這也是一種消極不合作的態度，表示「嗤之以鼻」的抗議嗎？我沒有敢問他，也不願驚擾他片時的安靜狀態。但是，我忽然想起朱希真的一闋調寄〈減字木蘭花〉的詞來：「劉郎已老，不管桃花依舊笑。要聽琵琶，重院鶯啼覓謝家。曲終人醉，多似潯陽江上淚。萬里東風，國破山河落照紅。」當年的無冕王，先給自己戴上了帽子，歷經大亂，仍是為知識所累，飽受凌辱。當年的「理想」隨風而逝，現在做一個身不由己的「文藝官」，領恩頤養，也不得不欲語還休了。失望也好，幻滅也好，回憶總是減少目前痛苦記憶的止痛劑罷❸。

土改的結果，就是那本「為對外宣傳寫的」《土地回老家》一書。蕭在該書〈附言〉中說：「這是通過農村幾個典型人物和幾件典型事件，來說明土地改革的基本過程。它不是文藝作品，因為在這裡創作必須服從報導，人物發展必須服從過程環節。這只是土地改革文件的一種例證。」該書出版於一九五一年十一月。蕭乾對我所說，乃是有感而發，真正的含意是：我蕭乾的文學創作回了老家了。換言之，認為自己只是個「政治工具」了。

曹禺的作風就與前述二人迥然不同了。許是名氣大的關係，也許因為他是一位劇作家，加上跟他同行擔任翻譯的英若誠（臺大早期外文系主任英千里之子），又是一位有舞臺經驗的名演員❹，校方把他的講演安排在藝術系可容約五百人的梯形電化教室中。曹禺持枴杖上臺

---

❸ 史大胡佛圖書館藏有蕭乾一九三九年出版的長篇小說《夢之谷》。他在該書〈代序〉中寫道：「這本書是在太平年月寫成的，也是寫給太平年月的。」更妙的是，我在該書扉頁上發現有蕭乾用鋼筆寫下題贈給中共的同情者，對外傳聲筒美國人艾德加・史諾（Edgar Snow）的筆跡。他是這樣寫的：

To Mr. Edgar Snow, my inspiring teacher who taught me to be solid, yet I made of liquid…

From his disappointing student, Hsiao Chien, a romantic fool.

5, July, 1939, Hong Kong

蕭乾大概永遠不會料到，隨著土地回了老家以後，三十年後還依然是一個「浪漫的傻瓜」——對中共來說，或對毛澤東說，任何向共產黨認同表示前進，甘願做為政治工具的作家，都是大傻瓜。他們也永遠不能滿足中共的要求，永遠是令中共失望的堅硬不起來的流體，就因為他們是知識分子，永遠不是共產黨的中堅。

大講遭「四人幫」迫害痛史。先是坐著，講到激昂慷慨處，忽而起立，繞行臺上，揮杖作武松掄起哨棒打虎狀；訴到傷心處，則低徊捶胸，氣結聲嘶，彷彿四郎坐宮。英若誠音色悅耳，流暢的翻譯，不但符合了信、達、雅的條件，跟曹禺真是絕好一對搭配，實實在在給人以舞臺上「作秀」感。如果以章回小說來描寫，我可以擬這樣一個回目：「英若誠妙配雙簧戲，萬家寶（曹禺本名）痛責四人幫」。

有人問曹禺關於大陸文藝空氣的問題，他表示，真有「雷雨山河暗，日出大地明」❺之意。作為一個劇作家，對於中共整個文藝政策的框架，只能拿「四人幫」來作替罪羔羊，而不敢正面對否定人性的制度，和人類尊嚴在卑賤處境中被蹂躪宰割的事實仗義執言，其情雖可憫，卻不免令人相當失望。只敢寫公然說理性或政治性的隱惡揚善的作品，以見容於當局的批評尺度之間，或更不幸依黨政的示意而寫作❻，那真是一個應該以「真誠」為座右銘的

❹ 英若誠是中共紅舞臺劇《茶館》的主角。該劇曾在歐洲演出。

❺ 曹禺演講之後，系方宴之於百樂雅圖城之「六福園」，系中三位朋友即席口占詩作，原文為：「雷雨山河暗，日出大地明。曹分猶射覆，禺谷不須評。」將曹禺兩個劇本《雷雨》、《日出》及其筆名寫入。

❻ 曹禺的劇本《王昭君》，完全改變了傳統的對王昭君和番的形象。關於此劇，香港方面及劉紹銘兄都有文討論，說者不一。姑不論《王》劇依據的歷史事實是否有待確認，曹禺寫該劇，只是應制為配

作家最大的悲哀了。四人幫整肅了以後，果真就是大陸的「文藝復興」嗎？我想曹禺在背後也一定會說那是「鬼話」的。

見了錢、蕭、曹三位大老後，我有一個感想：一個作家，如果有良心有使命感，則必須超然於政治之外，必須像日本大作家夏目漱石所強調主張：「文學藝術是『個人的』表現，原與政府無關，要是一個『文士』被政府看中，而授與某種特殊榮譽或地位，他便不得不脫離『普通文士』的身分，突然搖身一變，成為一個代表國家權威的工具。這樣一來，個人的自由和獨立不但要受到牽制或斲傷，而且也會間接地阻礙文學藝術的發展。」❼而錢、蕭、曹（特別是後二者），正因為他們負有中共文化部門某種職務工作責任，換言之，做了某種程度的「官」，一旦如此，彷彿嘴巴上貼了封條，頭上被扣上了緊箍，必須反映有關旨意，就不能夠暢言肺腑了。當然，像中國大陸歷史上罕見的專制情況，可能不在夏目漱石的考慮中，但是，無論如何，嘴巴是自己的，思想是看不見的，筆是掌握在自己手中的，暴政固無可避免，卻至少還有不說不寫的自由，用以保持一個文士或作家的起碼清白。要寫，就該像索忍

合政策而為，確是不爭之事實。郭沫若死後，中共在一九七九年，出版《悼念郭老》紀念文集，收文八十餘篇，三十年代作家如茅盾、巴金、夏衍、冰心、曹禺、端木蕻良等都為文，獨沈老闕如。

❼ 見純文學出版社鄭清茂著《中國文學在日本》一書中〈夏目漱石的漢詩〉一文，在第三頁。

尼辛一樣，忠於大無畏的人道主義，否則就封筆，像沈從文那樣。

二

沈從文的講演，不但令我耳目一新，更重要的是，在他自然、平易、坦淡、不卑不亢的語氣中，流露出傳統中國的「士」的氣質，使我看到了人道主義精神之存在。

沈老不是中共派出作秀的人物，因此，他顧忌較少。大家都知道他自中共政權成立後，放棄創作，轉而從事歷史文物的研究。既然「此調不彈久矣」，他的講演卻並未以他三十年來研究文物的心得為題，反是暢談自己「二十年代至三十年代從事小說創作的點點滴滴」❽，也可見出他對曾是一個作家的律己嚴肅的一面。我非常仔細的揣摩沈老講演的內容，覺得絕非「漫談」。相反的，他是用高明的暗喻法，表出弦外之音，說是「有的放矢」，似也不為過。我願意擇重點詳為記述並加以個人評析。

一、沈老一開始便說，他是一九〇二年生於湖南苗鄉，一個「歷史上屢經屠殺而始終不屈服，漢人認為蠻夷的地區」。當地居民三千，卻有官兵六千，專司屠殺。因此，他自幼心中

❽ 沈從文於本年二月二日訪史大，在胡佛圖書館會議室應邀演講留有錄音，本文所引沈氏演講內容，即根據錄音。

即有強烈的「不平」感覺。諺云：「不平則鳴」，「解放」後，豈不是跟他強烈意識不謀而合的大好局面麼？可是，沈老決意不再寫了。他不寫，是他知道那個局面的實際情況。於是，他唱起反調來了。他的反調是厚古薄今，只不過未明言薄今罷了。共產黨要推翻歷史，要重寫歷史，他卻偏去搞歷史文物，這種背道而馳的不合作態度，也正是對共產制度本身一大諷刺。如果說得誇張一點，也當是沈老洞察於先，對民族遺產盡力保護的仁厚情懷。他自認「鑾人」，有「不屈服」的特性，更是一種反諷。所謂「不屈服」，並非予以正面還擊，是「仰不愧於天，俯不怍於人」，維護人格尊嚴的大勇。

二、沈老說，他自幼喜歡逃學，不相信孔孟仁義道德那套大理論。其實，他真正的意思是，他不相信的是口號式的大道理，一面唱高調而一面做著悖情叛道卑鄙無恥行徑。孔孟仁義，只不過一個借喻，他對藉任何思想而胡作妄為的制度，實際上都是不喜的。

三、沈老說，由於自幼逃學，見棄於鄉里，遂在小學未畢業即離家遠適。為了討生活，他加入了軍隊，前後五年，「養成了很好的也很不好的習慣——萬事滿不在乎」。所謂「萬事滿不在乎」，從另一角度去衡測，也就是「事事在乎」的反訓。也即是，凡是可以保持一己「真實」、「真誠」的純潔事，他全在乎。進一步言，「不在乎」的積極嚴肅一面，正是有所為，有所不為的大義凜然。沈老用「習慣」一語，尤見精彩。蓋「習慣」乃日積月累所養成的對待事物自然而不易的態度。對一個「文士」來說，當可引申為其「志節操守」。

四、沈老說，早年他在洞庭湖畔的常德，擔任屠宰收稅員。由於該地乃遠近上下一千里船隻匯泊的水旱碼頭，使他有機會讀到了第一本有關文學革命的刊物，點燃了他獻身文學創作，從事社會改造的火種。這時，他突然跳了話題，說：「自常德沿沅江上溯九十里處，即是陶淵明〈桃花源記〉中所說之『桃源』。」又稱，該地即是楚三閭大夫屈原飄流之處。屈原正是抱了「忠君愛國」的理想，懷了治世的火種，卻為昏君群小所斥而投水自盡的。借古諷今，真是高明。「桃源」一向是世亂對理想社會的憧憬。一個活在現實中，卻必須藉懷古寄情於烏托之邦，來維繫其生存毅力於不衰的人，說出這話是真夠沉重淒涼的了！這使我想起了王荊公的〈桃源行〉詩：「望夷宮中鹿為馬，秦人半死長城下。避世不獨商山翁，亦有桃源種桃者。此來種桃經幾春，採花食實枝為薪。兒孫生長與世隔，雖有父子無君臣。漁郎漾舟迷遠近，花間相見驚相問。世上那知古有秦，山中豈料今為晉。聞道長安吹戰塵，春風回首一沾巾。重華一去寧復得？天下紛紛經幾秦。」豈不正是哀哀大陸現狀與沈老心中所感麼？

太史公對屈原有這樣的一段描寫：「濯淖汙泥之中，蟬蛻於濁穢，以浮游塵埃之外，不獲世之滋垢，皭然泥而不滓者也。」而陶公「採菊東籬下，悠然見南山」，「縱浪大化中，不喜亦不懼」的高風亮節、泰然自若和遺世獨立的器度，也隱然見出沈老在世亂清濁自分的情操來，真如太史公所說，「推此志也，雖與日月爭光可也。」

五、沈老特別強調他當年在北大作旁聽生的一段經歷。他以欽敬的語氣推崇當時北大校長蔡元培先生的偉大人格與襟懷。他說，北大在蔡氏領導之下，「對教員開放，對學生開放。不考慮個人學歷，只要有才識。也不考慮甚麼思想背景，只要有思想，有能力，誰都可以在北大任教。」北大的大門對社會開放。所以他「可以去旁聽，還可以拿講義」。沈老追述及此，還引用了當時保皇派辜鴻銘的一則小故事。他說，辜氏第一天上課，拖著辮子進教室，堂下哄然。辜氏卻肅容道：「我要剪去辮子很是容易，隨時可為。但是，你們大家思想上的辮子，就很難剪掉，也許五十年過了還剪不掉。」

我認為這又是沈老有的放矢的話語，而且諷揶性極濃厚。中共搞革命，驚天動地，移植純洋種文化於中土，反封建，打著「人民民主專政」的旗號，一刀斬掉歷史辮子。然則，我們試看中共政權成立後，毛澤東排除異己，獨攬大權，自奉為神明，住在明清帝王的紫禁城裡，唱著「秦皇漢武，略輸文采，唐宗宋主，稍遜風騷」，自認是帝王之王，那不正是腦後留著幾千年來萬世一系的封建帝國思想的歷史長辮麼？他要切斷歷史，殊不知革命的火車頭卻是在切掉了的那段歷史軌跡上開著倒車。高幹們專橫跋扈，貪污腐化，派系鬥爭，互相爭寵或圖取而代之的可恥作為，不又都是那條封建思想歷史長辮上的蝨蚤麼？

六、沈老對於現代中國文學批評家喜歡給作家分派歸類的事，頗不以為然。他用嘲笑的口吻說：「當時有人說我是新月派，也有人說我是現代評論派，更有人說我是『無思想作家』，甚至標上『無靈魂作家』。其實，這都是站在文學崗位上具有政治性的大學教授們搞的名堂，很可笑。因為我對甚麼派全都不懂，我也全不屬於哪一派。要據文學革命來創造一個新的公平的社會，絕不是少數文學團體、少數作家、少數人有了出路，就可以達成的。我們需要的是大批人的參與，經過相當長的時間，用不同的方法，繼續試驗，觀其成果於三十、四十年後。」

這真是一個有真知灼見，對文學抱了真誠的信心，關心民族，愛護社會，有知識良心，有氣魄，有骨格，有偉大使命感的作家一針見血箴言。夏志清先生對於此點有跟沈老不謀而合的正確看法，他說：「從文學革命以來以至今日，中國近代文學的一個奇特現象，便是批評家採用一連串形容的標語及訓諭的口號，企圖領導作家走上正確的寫作之途。這些標語和口號，如果沒有政治勢力作為後盾，作家不把它們當一回事，那就沒有甚麼害處。但，若背後有政治權勢，或作家把它們當真，那麼，這些標語和口號本身，而非引起批評家造出該標語口號的文學作品，就會成為辯論爭執上的焦點問題。……中國近代的文學史家，包括大陸的學者及其他地方的學者，都有一個擾人的惡癖，那就是太重視這類文學的論爭。閱讀中國大陸、臺灣和香港出版的文學史，人們得到一種印象，好像這一類的論戰具有高度催化功能，好像文評家掌握著催生優良文學的魔力。」❾我個人十分同意沈、夏二氏的見解。文學盛事，千古大業，不是少數有霸氣、手握一枝硃筆的文學評論家可以領導催生的。任意圈點，乃是對於作家「真誠」、「真實」的寫作態度的侵犯。此外，沈老對於作家熱中集會，不甘寂寞積極拋頭露面的作風也有諷諫，他說：「一個小說作者，可以不必與讀者見面。以文會友，大可避免甚麼『會』之類的場合。這不比詩人或從事戲劇工作者，需要與外界接觸。我一生只參加過一次會——燕京清華聯歡會。」

那天沈老講演之後，聽眾散去，已暮色依稀了。我邀約沈老及其夫人，和專程自西雅圖趕下來拜晤老師的華大經濟學家馬逢華教授，來酒蟹居便餐。席間，話題轉到沈老從事歷史文物研究方面的一些問題。他一再反覆地說：「我們先民的文化太豐盛、太偉大了。文物不斷出土，使得我們的知識日益富饒。」但是，怪諷刺的，由於政治動亂及文革的摧殘，教育中斷，具有深厚中國文化知識及受過良好正規教育訓練的專業青年人才，竟如鳳毛麟角。助手的奇缺，使得研究整理的工作進行極緩。在文物保管方面，沈老說，由於設備簡陋，技術不夠現代化，很多珍貴出土材料竟堆積如山，任其黴爛毀損，非常可惜。

❾見《聯合報》副刊本年二月二十二日及二十三日歐陽子譯夏志清作〈時代與真實〉一文。

沈老不但精神好，食量也佳。妻燉了一鍋紅燒豬蹄，原是自家食用的，不好意思待客，無意中提起，豈知沈老極嗜此物，結果竟吃了整整兩大塊，不是夫人張兆和女士一旁頻頻勸阻，大概是欲罷不能的。沈夫人有胃疾，食用極少，但是一直注意著沈老，關愛之情表露無遺。他們真是伉儷情深，在湖北接受勞改那段時期，夫婦並不在同一單位，兩地相隔數里，沈老血壓高，老伴放心不下，每天下了工後，步行走過泥濘的田路去探視，兩腳黏滿了泥，如負千斤。一九七二年他們獲赦北返，在北京卻仍不能住在一起。這回是沈老每天備了飯菜步行到老伴處共享。大陸苦難，政治恩怨，沈老都輕描淡寫，不願多談。這大概又得力於他「萬事滿不在乎」的習慣了。老友清茂說，「這老頭子一付與世無爭的樣子。」其實，何止與世無爭，他簡直是「縱浪大化中，不喜亦不懼」，對環境輕鬆得毫無負擔。可是，在工作方面，他是積極而認真，腳踏實地，本著作家「真誠」、「真實」的原則，從事研治。積三十年漫長歲月，先後完成了《龍鳳藝術》、《唐代銅鏡》、《中國絲綢圖案》、《明錦》、《戰國漆器》等學術專著。最近又完成了二十餘萬言，附四百多幅珍貴插圖的巨著《中國歷代服裝資料研究》，業已發排。我們可以期待著這部對於中國歷來工藝美術研究作出貢獻的大書問世。

沈老從未放鬆自己，也從來未虛擲歲月。封筆寫小說前，據史大胡佛圖書館的朋友告我，已有八十冊集子出版，加上他改行研治中國美術的大著，真可謂「等身」了。他不但是三十年代文壇重要大老，也在中國學術史上佔有了一席重要地位。不像蕭乾、曹禺甚至那些不堪凌辱自了殘生的同時期人物，有筆而未善用，空負了才學精力，蹉跎歲月。這就使我越覺得沈老有「落紅不是無情物，化作春泥更護花」的異人之處。他那深厚的鄉土感，恬淡從容的達觀，（我忽發奇想，覺得「從文」二字，豈非可作「從容優游以治文的文士」解？）熱愛民族文化的情操，真令我有「忘年之交」的感受。林海音女士最近在《聯合報》副刊有一篇寫沈老名為〈此老耐寒〉的短文，「耐寒」二字用得極好。「松柏後凋於歲寒」，耐寒是得有堅厚的風骨的。沈老「滿不在乎」的人生觀，正與顏子「簞食瓢飲，居陋巷不改其樂」相符。這才是孟子所謂的「富貴不能淫，貧賤不能移，威武不能屈」的大丈夫精神，士的傳統精神！

晚上十時左右，我送沈氏夫婦回他們下榻的史大賓館，雖無皎潔月色，但星光燦爛。此地一別，後會不知何時，但是，對於這樣一位忠實於自己，忠實於工作，忠實於民族，忠實於傳統文化，忠實於原則，為真理鞠躬盡瘁的可親可愛可敬的老人，即使再走回到古墓裡去，我也有堅定的信念，他也是永遠不會寂寞的！

一九八一、三、七・初稿於加州酒蟹居

一九八一、八、二・改訂

後記

今年二月，臺北《中國時報》「人間」副刊主編高信疆兄來美，過舊金山時，我在酒蟹居備酒以迎遠客，席間談起沈從文適在史大訪問，並有公開演講。信疆兄遂立即「指令」我寫一篇報導文字，說是攜回臺北刊佈。我覺得這類文章，見諸臺港報刊已多，認為不必再為牛後，請恕抗旨。卻未料到對方展示拉稿長才，恩威並施，語意懇切，使我無條件投降了。

初稿成於三月中旬赴大陸參觀訪問前數日。由於心亂如麻，情緒不定，寫來極是雜蕪鬆散。加以此屬應制之作，總覺很不自在。雖是如期完成，卻是憂心忡忡。幸好這篇東西一直被信疆兄扣壓起來（大概與我有同感罷），免了貿然拋頭露面的尴尬，同時也給了我從事訂補的機會。

三月間在大陸有幸又見到了文中提到的三位大老之一的蕭乾。承他以去年八月出版之《蕭乾散文特寫選》（北京人民文學出版社）一冊見贈。在〈代序〉中（第三十八頁），他這麼寫著：

七七年秋，姜德明同志一天把他中學時代省吃儉用購藏並保存完好的幾本我的舊作帶來，要我替他題跋。我在《人生採訪》後面是這麼寫的：

「寫這些通訊時，我還不曾受過一天黨的教育，因此，必然有錯誤。唯一想替自己辯護的是，對那段黑暗的日子我從不曾粉飾過、歌頌過，主觀上，我一直是站在受難者一邊，用文字把他們的苦難如實地記錄下來。然而，我沒看到一個不會有苦難的新天地。因此，充其量這只不過是一片哀吟而已。」

解放後，除了五七年經反復動員寫過批評性的文章之外，對新社會我一直是歌頌的。由於我目睹了也經歷過舊社會的腐敗和悲慘，我只能歌頌。

後來，我喪失了歌頌的權利。

最近有朋友惋惜說，不然的話，這二十二年你可以寫出多少東西。我不這麼認為。不管我這枝筆多麼拙笨，所有我的歌頌都是由衷的，也都是用我自己喜歡的形式和語言寫成的。倘若我沒有可能那樣做的時候，我寧願當一隻寒蟬。

我在前文中，對見了蕭乾的感覺有所描述，現在，他卻給我看了他的「自畫像」。基本上，他仍不失為一個有原則的作家，因為他至少說了真話。「對新社會我一直是歌頌的，由於我目睹了也經歷過舊社會的腐敗和悲慘」，蕭乾說這話，在大前提之下是對的，也正由於他當時只是個富有濃厚浪漫色彩的社會主義同情者，或一個溫情的理想主義者。可是，後來蕭乾目睹了也經歷過了新社會的腐敗和悲慘，卻只「寧願當一隻寒蟬」，他的道德勇氣急遽下降，向冰點接近了。「我喪失了歌頌的權利」，這話是很不邏輯的一種遁詞，他真正的意思是喪失了歌頌的勇氣。如果我們認為不需要人人都執干戈為社稷為正義挺身而戰的話，消極的堅守慎獨，總比助紂為虐好，有春秋筆的人在歷史上畢竟並不多見。

根據這個準則，我們來看二十年甚至三十年來大陸上的三、四十年代作家，值得同情寬諒的，就不止蕭乾一個了。我在文中提到的錢鍾書，亦是一隻寒蟬。他在為他的夫人楊絳的〈五七幹校六記〉一文所寫的「小引」裡，表示了這份慚愧也無可奈何的寒蟬心聲。他是這樣寫的：

> 現在事過境遷，也可以說水落石出。在這次運動裡，如同在歷史運動裡，少不了有三類人，假如要寫回憶錄的話，當時在運動裡受冤枉，挨批鬥的同志們，也許會來一篇「記屈」或「記憤」。至於一般群眾呢，回憶時大約都得寫「記愧」。或者慚愧自己是糊塗蟲，沒看清「假案」、「錯案」，一味隨著大夥兒去糟蹋好人，或者（就像我本人）慚愧自己是懦怯鬼，覺得這裡面有冤屈，卻沒有膽氣出頭抗議，至多只敢對運動不很

積極參加。（見《聯合報》副刊本年七月二十一、二十二、二十三日楊絳的〈五七幹校六記〉。）

蕭乾接近過人民，錢鍾書大概只在幹校接觸到不同類型的知識分子，不管怎麼說，都算是「知恥是為勇」一型的。

一個耍筆桿的，作家或是記者，要耍花槍是極容易的事，但需小才已足。但，若要做到槍無虛發，而直刺要害，百發百中，則不但需要才，還需要品。曲高和寡，品高難容，若缺欠大勇，那境界也不易達到。高處不勝寒，屈指數數，古往今來，攀登上喜馬拉雅山最高峰的能得幾人！像沈從文一開始就慎獨孤寒，盡量避免或減少事後慚愧的可能，沒有虛擲歲月，默默地扛著歷史文物研究有成的大旗向高處攀登，迎風展旗，此老功力，端的高人一籌了。

我從大陸回來以後未久，就知道了王光逖（司馬桑敦）先生決意南遷洛城圖展抱負的事。他曾數度當面或以電話向我約稿。我第一個反應，就是把這篇記述沈從文演講及雜感的文章，修改之後報命。可是，回來的頭兩個月，覺得疲憊、消沉，一個字也沒寫。等到六月下旬開始動筆，又被此行觀感佔去時間，改寫沈文的事因而拖下來。光逖先生和金琦大姐南遷之後，他還表示希望我能在《加州日報》正式出報之前交稿。六月底，我打電話給他，為沈文未能如期完稿致歉。他安慰我說，不必著急為難，因為《加州日報》出刊已延期到七月中旬了。七月初，我把大陸紀行長稿暫告一段落，預備著手修改沈文，寫信給他，希望在月中以前趕完，卻未想到他病情惡化，入院求治，而終於十三號不治病逝。這份歉疚的心情，使我決意不但將原文仔細修訂，更要用來作為追念他的一點心意。

我作成此一決定，不但基於個人對於光逖先生的欽仰——他具有高尚的讀書人風範，士（知識分子）的弘毅精神，作家的才品，和身為一個新聞記者對尋求真理的熱誠與堅持原則的態度的信念；也由於我認為在某些方面，他跟沈從文有頗相似之處。沈從文自詡為南蠻，並以此為榮，光逖先生則流著一身東北佬的血液；他們都是有著堅忍不拔、不屈服的意志，從事文藝創作而帶了濃厚鄉土感的作家。沈從文後來知文藝不可為，棄而從事歷史文物研究；光逖先生則迫於環境轉而寫作分析研究性的報告文學。他們都有一付純樸的傻脾氣，永遠要求真實、真誠，對人、對己、對寫作都如此。

我認識光逖先生不過是三年前的事。可是，我認識他的作品文章，卻早在二十七年前了。三年交往，光逖先生雖長我十五歲，彼此很是投契，可稱「忘年」。所以，我認識他的過程是由文字緣到人緣。

前不久，我應《聯合報》副刊之邀，撰寫為慶祝該報成立三十週年而闢的「聯副與我」專欄，有關光逖先生的一段，我這樣寫：

> 民國四十二年，是我跟《聯合報》結緣的一年。那年九月，我到臺北上大學。其時，由《民族》、《全民》、《經濟》三報聯刊的「聯合版」也正式易名為《聯合報》。臺大總圖書館樓下的閱覽室裡，幾乎擁有全省各地的報紙，由於我在臺中就讀的中學只訂了行銷最多的三份官家大報——《中央》、《中華》、《新生》，和一份當地民營的《民聲日報》，到了臺北後，「物以稀為貴」的俗感經好奇心推波助瀾，就很自然地把注意力和興趣投在臺北的民營報上了。我基本上是一個對「大事」不太在乎，有時甚至是「捨本逐末」的人，所以看報是先自副刊著眼。次年年底，《聯合報》駐日特派員王光逖先生的通訊稿見諸報端，內容豐富，報導翔實，析評透闢，加以文字綽約精爽，是知識性、可讀性極高的出色好文章。於是，我的注意力遂由副刊向正刊游移了。

說起光逖先生在日所寫的通訊稿，我在臺求學時期沒有一篇錯過。一九六四年我自臺大中文研究所卒業，同年冬應聘赴澳洲執教，該地偏處南半球，華人稀少，與臺灣之間簡直沒有甚麼文化聯繫。那時《聯合報》尚無國際航空版，如果訂閱，航空太貴，海運又曠日過久，頗以為苦。次年五月，央四弟莊靈以航空寄我光逖先生通訊稿結集《江戶十年》一冊，以解盼讀光逖先生文章之渴思。寄費新臺幣一百一十二元五角，竟花掉四弟月薪八分之一。感慨繫之，我於收到書後信手在書上寫了幾個字以誌此事。今年四月四日，光逖先生夫婦來酒蟹居茶敘話別，我無意中提起，並以原書出示，光逖先生驚訝之餘，大受感動，立即掏出鋼筆，在我的誌文旁邊寫了幾個字：「我受到了鼓勵，更其感到不安。」他當時非常激動，於是又在我們的酒蟹居嘉賓簿上題了數行：「酒蟹居主人夫婦，好客，好交朋友，有俠義之風。三年來相交，他們給了我無限鼓勵，提高了我這耍筆桿子人的許多道德勇氣。特別是他們超塵脫俗的風格，談笑風生的情趣，更讓我因之年輕了許多。這不是恭維，是真話。——王光逖移居洛杉磯前一月。」

基於禮貌，我得承認這是他對我們的恭維，但，基於我們對光逖先生的為人和個性的認識，卻又不能不說這真是他的肺腑之言了。

「不恭維，說真話」，這就是光逖先生對人對事對為文的基本原則。「不恭維」的底牌是知恥，「說真話」的支柱是膽識和道德勇氣。寫至此，我想起光逖先生生前軼事一則，正好用來做為我如是說的註腳。

約兩年前某日，酒蟹居宴客，有光逖先生夫婦在座。光逖先生因膽囊切除後，忌酒節食，那天又忘了戴上假牙，故進餐時既量少又緩慢。妻見狀，便開玩笑說：「您是老得既沒膽（子）又無齒（恥）了。」未料光逖先生絲毫不以為意，竟展笑拍案，亦莊亦諧伸出大拇指對妻說：「說得好！好個無膽無恥！幸好我丟了的不過是實物，勇氣和羞恥都還不缺少，所以，我還不老。」

這就是配了寶劍的書生王光逖。

光逖先生夫婦遷居來美，說是為了他的健康，話並不錯。但，我知道他有比宜於金山灣區自然環境休養更好更重要的理由，那勿寧是他喜歡這塊自由氣氛的土地比四季煦和的春風更多，前者功在療身，而後者則在療心。

他放棄了二十多年身在江戶的記者生活，來到這裡，就是為了可以在進入晚年的時候，定下來，呼吸著自由空氣，可以寫他久矣真正想寫而一直未能寫的東西，說他一直想說而無機會說的真話。他想辦報刊，搞出版，不受任何牽制，撒手去幹，完成從事自由文化事業的理想。可惜，也怪嘲諷的，三年金山灣區生活，宜人氣候並未助益他的健康，而不如意及意外的拂逆事迭起，反倒使他的健康更壞了。雖是這樣，他卻並未消沉。我感覺他彷彿像騎了烏騅駿馬的西楚霸王，還想突破重圍。身體、異域生活、國是、關情、歲月，這些因素，使他深陷情緒的泥淖中。整個的背景，是霞光照天，原野雲低，朔風偃草，一馬嘶鳴的蒼涼壯圖。

但是，光逖先生的強烈北方人個性與他堅定追求理想的信念，真像一匹野馬。他也還有早年參加抗日那種「力拔山兮氣蓋世」的英氣，只可惜囿於環境，寄身江海，徒興「時不利兮騅不逝」之歎。而正在此時，他在洛城幾位有朝氣、有理想、有魄力、有正義感的年輕人身上看到了遠景希望，毅然決定在垂老之年，南遷加入陣營辦報，以全他書生報國及追求真理的理想。可惜上天太酷，竟奪去他的生命，遺憾得連報紙正式出刊都沒趕上。壯志未酬，真是死不瞑目的了。

我所讀到的光逖先生最後一篇作品，是刊在今年三月號香港《明報月刊》上的〈三郎，悄吟的「跋涉」歲月〉一文。他在文中，借二蕭淒涼動人的愛情和三十年代的政局，襯托出他自己對歲月的飛逝、理想的虛無縹緲、無告，國破家亡的前程遠景的憂憤。他說：當他在遠隔哈爾濱千萬里外的美國西岸，重新溫習起二蕭合著的《跋涉》一書時，「真有一種人世幾回傷往事的複雜心緒，特別是當我再度翻閱起關於二蕭那段戲劇性的戀愛時，更喚起我做為一個文學青年也曾流落哈爾濱的若干回憶，這簡直像一場為時太久太遠的幻夢，猛然間醒了過來，令你詫愕、驚喜，一時有些不知所措。」

「太久太遠的幻夢」是光逖先生早就以從事文學為志職的理想。當時他在關外流落、跋涉，後來走遍大江南北，而臺灣、而扶桑、而美國，這跋涉的路程較之二蕭不知遙遠多少。就在他找到了機會，在異域邁入老境又有重做「文學青年」的機會時，竟在一個新的跋涉長途的起點上倒下。老杜寫諸葛武侯是「出師未捷身先死，長使英雄淚滿襟」，而光逖先生未出師竟身先死，真是讓我欲哭無淚了。

一九八一、八、六・加州酒蟹居

後記

寫了二十多年的文章，一直認為耍筆桿並非甚麼困難的事，這不是我敷衍塞責，也非欺騙讀者的胡寫，而是個性使然；我認為寫作是嚴肅事，但寫來卻輕鬆。我一向的方式是，先有寫的動機，抓住題目，然後坐下就寫，絕不擠牙膏似的每天來，總是興之所之。一旦寫好，就不耐翻來覆去再看，所以常有未妥之處，後來勉強自己於寫後瀏覽一遍，也不過撿些粗枝大葉的錯譌，就付郵拜——拜了。

可是，這次寫大陸紀行，一反常態。四月初旬回來之後，整個人終日昏昏懨懨，彷彿宿醉，頭仍微眩，嗓子痛發乾，四肢虛乏，而心口猶翻騰欲嘔。日間夜裡，只要一闔上眼，無數張詫愕又無奈的臉，似曾相識，忽然湧現眼前，又忽然都張開了口，大聲對我呼叫：「寫！寫！寫！」更有多少次，驚夢乍醒，再也不能入睡，於是起來喝茶抽菸，鎮定自己。之後，想坐下來寫，卻總是擲筆而罷。寫作這麼些年，從來未有如此痛苦的經驗，衝擊扯裂的力量，強大得使我完全失去掌握自己的信心，顯得錯亂和低能。

這樣的情況大約延續了兩個月之久。到了六月中旬，妻帶了誠兒返臺省親，暑天晝永，環境安靜，心情也慢慢平和下來，於是漸漸促發了寫作的意念。這時，正好在此間辦報的友人索稿於我，日日電催，緊迫盯人，只好提筆應命。但是，千頭萬緒，一時竟不知從何寫起，考慮很久之後，決定原則上寫一篇交卷就算了。殊不知友人貪多，非要整個紀行文字不可，這與自己初衷有違，只得再議。遂將寫就的單篇〈祝福〉一文，寄給《聯合報》副刊瘂弦兄。刊出之後，他以反應頗佳為由順水推舟，要我繼續供稿。於是，〈八千里路雲和月〉、〈不堪回首帝王州〉和〈長安不見使人愁〉三篇，遂先後在國內的《聯合報》及加州的《遠東時報》發表了。

稍後《加州日報》在洛杉磯創刊，主編是友人，更是學長，承其索稿，決定由第四篇起所寫交《加州日報》，但「聯副」瘂弦仍大力支持，也就繼續寄去。

決定寫系列的紀行文字之後，原意是所去之地各寫一篇，分別寄給邀稿諸刊，開始時也確是照此原則進行。可是寫就四篇以後，暑期已過，妻小還朝，學校也開課，只好暫停。九月下旬寫畢〈一江春水向東流〉，忽然覺得何不到此為止，任大江一去不回，也學舒伯特未完成交響曲的意味，餘韻無窮，豈非更好？主意既定，決意停筆。

天下事往往有難遂已願者，十月初接純文學出版社來電，表示下一檔將出新書一批，我的大陸紀行已經被打了進去。乍聞之下，受寵若驚，因為純文學出版社向以出書整齊、水準高取信於出版界與讀者，早有定評；既然有了得以與上駟共馳騁的良機，自也不願放過。但由於分量不足，只好再續。總共七篇，加附錄二篇，並佐以圖片，都數萬言，勉強湊齊。

七篇文字，是藉報告文學方式來記述個人此行所見所思所感。無論人物、對話、小插曲，都存其真。對於當前大陸現行制度的批評，也純係以一介書生感時憂國的心情及誠懇的態度出之，既不談理論，也不強調政治。

在寫作過程中，發生了兩件小事，都與我家戰前北平故居有關，也想在此一記。其一，今年八月，有北大教員來校，與之無意中談起先君當年好友從事民俗曲藝研究的常惠老伯，知已高齡八十有七，仍健在。常、莊兩家是當年在白米斜街同住一個四合院裡的鄰居，分住東、西廂房。據常老伯來信稱，舊宅為白米斜街三號（即張之洞宅第）。可惜我去時，全不知此，否則，不但可以去憑弔故宅，也可去拜望父執尊長了。無論如何，這是令我一則以喜、一則以憾的事。其二，十一月初，忽然接到三月間在京所住之友誼賓館服務人員小趙（京華）的信，附來我家故宅所在地白米斜街及簾子庫胡同的照片數幀，驚訝之餘，悲喜交加。照片上的故居舊巷，安祥寂寞地浴在午後秋陽裡，老屋、舊瓦、大街，那就是我兒時生活的地方。

悲的是好不容易漸漸平淡下去的激動情感，八個月後再度盪漾起來，故鄉風貌又都歷歷在目，但人在天涯，也只能神馳夢憶了；喜的是三月間雖未能踏過的故里舊巷，而今竟近在眼前，我彷彿真的回到了故園。小趙的信，對我是很有意義的，因之摘錄如下：

……您對鄉土的眷戀之情也感動著我。您提起童年時代的住所，也引起了我的興趣。在此之前，對於胡同，我只知古字當寫作「衚衕」，除此之外，一無所知。最近偶然看到一點關於胡同的記載，方得知北京胡同中帶有「庫」字的，大都是過去皇家的倉庫，如西什庫胡同……。由此看來，簾子庫胡同當年是堆放簾子的倉庫。至於白米斜街的由來，到現在還是一無所知。我自己想，此街是沿什剎海邊形成的斜街，在古時，北京多水路，而什剎海正是一個下船的碼頭，如江南商人把白米沿水路運到北京，卸在碼頭邊，就地出售的話，白米斜街的名字就能形成。但我手中又沒有「北京胡同小考大全」之類的書來作出確實的考證。以上這些可能，只是一些無價值的臆想而已。前些時候，我找到了這兩個地方，並隻身前往。簾子庫胡同長約一百五十米，寬四、五米左右。一部分老房子還保持著當年的風貌，還有一些房子看來是後建的，但是已經沒有倉庫的痕跡了。較大的一所院落已成為一所小學。道路較寬，不同於一般小胡同。當年送物品的馬車在此通過當無問題。白米斜街房屋建築基本上與簾子庫雷同。路不寬，但人、車皆可通行，也確是一條街。我去了兩次，第一次照片沒照好。現在把第二次照的認為比較滿意的幾張寄給您，如您看到照片後能依稀回憶起當年居住此地時的童年生活，那我將十分高興，更希望有一天您能親自漫步在這兩條小街上。……

我要特別謝謝幾位身任報紙主編的朋友，沒有他們的鼎力支持，這樣疲憊的長途賽跑，我大概早就中途棄權了，不會有此紀行的全貌展現在讀者眼前。尤其是「聯副」主編瘂弦，可以說是把我推上萬米長跑跑道的裁判員；《加州日報》「自由港」主編金琦學長，對我的文稿一直給予優先刊佈的特殊待遇，還有《中國時報》「人間」版主編信疆兄和《遠東時報》的許世照先生，都讓我心銘無已。

臺靜農老伯為本書題字，吾友楊牧為本書寫序，謹此深致謝意。為我出版此書的純文學出版社和為本書攝製封面的四弟莊靈，由於是自己人，說客氣話倒顯得遠了，顯得「見外」了。

一九八一、一一、一九・酒蟹居

追雲隨月

追雲隨月

系国

一九八一年初春三月，我和在美諸大學執教與中國有關方面課程的六位朋友〈王靖宇、李歐梵、劉紹銘、鄭愁予、鄭清茂、楊牧〉，應中國文化部的邀請，組團訪問中國三個星期。返美之後，寫了七篇大陸去來的紀行文字，在臺、美的報紙副刊發表。後來，又揀附〈祝福〉及〈高處不勝寒〉兩篇小文〈也都與該次行旅有關，但不關整個旅程〉於次年三月交臺北「純文學出版社」刊印出書，書名「八千里路雲和月」。

該時，臺灣與中國大陸之間的關係，屬於「微妙」〈歷史地緣文化〉又復「敏感」〈政治期間。未料在臺灣發表與政治取向表態全然無關的文字，竟也犯忌招咒。我的那前後六篇〈八千里路雲和月〉文章，和與我同赴中國的威士康辛大學劉紹銘教授所寫的文章，竟被譏罵，嘲諷我們同團七位文化界朋友是圍繞著白雪公主跳舞的七矮人。

從「八千」一書問世到目前，已經十八年過去了。其間，發生了許多事，當年的「文化七矮」，鄭清茂和劉紹銘二位先後離美返回臺、港大學執教；楊牧半退休，空中飛人來往於美、臺之間（美國西雅圖華盛頓大學及臺灣花蓮東華大學）；李歐梵已三易其校，從當初任職的印弟安娜大學而芝加哥大學而加州大學洛杉磯分校，最後任教於他的母校哈佛大學；而我，則自史丹福大學退休，成為兼任教員了。更重要的，是為我「八千」一書封面題字的世伯臺靜農教授，業已謝世。而為我出版此書的岳母林海音女士，前數年因年事已高，力不從心，乃將其一手創辦且負指導之責的「純文學出版社」停業關閉。這兩年來她更因身體病弱，於是全時自文化界隱退，靜居家中了。當然，最值提及的事，是在臺灣統治了前後四十年的蔣氏父子王朝過去了，政治社會上出現了新的局面。海峽兩岸之間的關係，也不似我當年初返大陸時的那樣遭受物議的僵硬，人民進出於兩岸之間已經「從容不迫」了。

也就是因為這樣，去年（一九九九）初，四弟莊靈因鑒於同年為先父一百週年冥誕，乃發起了莊氏兄弟組團同返大陸抗戰期間莊家隨故宮文物播遷所居之地。訪舊憑弔，作為對先父出版紀念文冊的孝思的一部分之議。此議提出之後，獲得了上面三位兄長的一致通過。遂於同年九月，由莊氏在臺、美之第二代（大哥莊申因病未參與）及第三代組團回返大陸旅遊尋訪歷時兩週。這次的旅行，都在長江以南，路線是自香港入境，先赴貴州、而後四川、湖北、江蘇。返美之後，我應臺北《聯合報》副刊主編陳義芝先生邀約撰稿五篇在聯副發表。

而這次我原在純文學出版社出版之《八千里路雲和月》一書，亦經改由臺北三民書局新版續出發行。三民書局董事長劉振強先生更對我厚愛有加，蒙其恩准把這次大陸長江以南四省記遊文字附上。盛情可感。於是把此六篇文字定名為「追雲隨月」系列，表示我的尊敬與感激。

三民書局的編輯部同仁，為出版此書費心費時耗力，我要特別謝謝這批朋友。

邦安民順億萬年

我這一生，在中國所居住過的土地上，以地名來說，最令我有一種「史」的穩重感，卻又欣慶的地方，大概非貴州省的「安順」莫屬了。抗戰期間，我在那個當時的貴州第一大縣住了五年。我的童年，隨著戰火的爆裂而迸發出史的光燦，照亮了地處高原之巔的西南。安順，這個無寵不驚，漢族與少數民族融居的縣城，如果不是戰爭的關係，它絕對不會黏附佔有了我一生中五載的光輝歲時，也更不可能在我的記憶中跌宕翻滾了兩萬餘頁流年。

以前，我從未想過也從不知曉「安順」這個地名的由來。現在，也許我仍不知曉這個地名的淵源。但是，在我離開了五十五年，彷彿來自大海，上溯河溪產卵的鮭魚，又復返到那一塊魂牽夢縈的地方以後，忽然意會著，安順，莫不是指著邦安民順的意思了？中國長久以來的災難，改朝換代壓在人民身上的沉重歷史，如何能讓人民不思圖國泰民安，風調雨順，富足康樂呢？且讓我們來看看我下面三天的故地重遊紀實罷。

我們搭乘的自香港直飛貴陽市的中國西南航空班機，於九月十三日晚八時七分抵達新建於一九八七年的龍窟堡機場。降落時，我自機窗口瞰望，想要抓攝住如舊金山或臺北那樣的一盞一片的萬家燈火。但是，我所見到的是燈火暗淡稀疏，一些沒有太平富盛之感。對了，我在機上曾閱讀了當天的《貴陽晚報》，報上有一篇署名鮮曉荻的該報記者所撰的文章〈燈的訴說——從身邊事看五十年變遷〉，其中有這樣的一段文字描寫：

一位八十三歲高齡的老人回憶起電燈的歷史——貴陽人第一次看見電燈是在一九二七年，到了六十年代，貴陽建起了貴陽發電廠，但平民百姓用電也只是照明，燈飾的概念，是到改革開放後，才進入了人們的生活。

一九二七年是國民革命軍入南京，國民政府四月十八日建都於南京的一年。我還未降生。自那年的十年後，在農曆的除夕，我隨家人抗戰流亡到了貴陽，才在記憶中看見了有生以來第一次看見的電火。在經過了半個世紀，到了六十年代，貴陽市方才有了平民用電只在「照明」的發電廠。而可惜就在那個初見光明的年代，一瞬之間的電火，竟被粗暴的文革打壓下去了。平民百姓的生活，又回到了黑暗時代——大約也就是我於一九三八年初至安順後每日一燈如豆的油盞燈歲月中吧！如果不是毛澤東過世，如果不是鄧小平的改革開放經濟政策的實施，誰知道燈飾的概念是否會平順的流入了人們的生活？在貴陽？

太平富盛之感，於我，難道真是太奢侈、不近情理的麼？那樣的感覺，難道是我所熟悉、所戀、所親的童年環境中的貴州人，在「天無三日晴，地無三尺平、人無三分銀」的地方所不當有，所不該有的麼？何以粗暴的文革，就那麼輕易地把六十年代方才建起的僅供人民照明之用的電火又打壓下去了呢？為甚麼？殷貴有陽的貴陽尚且如此，邦安民順的安順又當如何？我不知道鮮曉荻文章中提及的那位八十三歲高齡老人姓甚名誰，反正他是在二十世紀過了一半而即將步入永遠的生存歷史中的一名見證者。他當然也是目茫茫了才目擊了文革的粗暴在六十年代把僅見的一點希望之火打壓撲滅下去的文明受害者。一個八十三高齡、身在西南高原之巔的老人的經驗尚且如是，那麼，跟他一樣的，在中日戰爭的炮火烽煙中，曾把五載如旭日金箔的童年歲月拋撒在「天無三日晴，地無三尺平、人無三分銀」的貴州高原上的我，又如何呢？我，畢竟沒有如那八十三歲的老人目覩身受文革的兇殘，因為我老早老早就於五十五年前幸運地離去了。而在今天，二十世紀即將步入歷史的今天，當年的那個愚騃不知地厚天高的孩子，雖說竟已變成了髮蒼蒼目茫茫的老人，在異域度過了寂寞的三十五載漫長寒暑的孩子，回溯於大海彼岸，像一尾掙扎著在清澗溪流中產卵的鮭魚，而期想看見邦安民順，可能麼？終歸是六十六歲的花甲老人了，他，還能奢想產下無數的精靈於無盡的溪河中麼？

貴州！貴州！安順！安順！我回溯得何遲呀！

我們在貴陽的下榻處是四星級（即「第一流」的意思。據稱，全中國目前只有兩家名副其實的真五星級觀光賓館，一在北京，一在上海）的金筑大酒店。它是貴陽市最大、最氣派、最豪華的接待外賓的地方，地在市區最繁盛的延安東路。所謂最大、最氣派、最豪華，那僅就相對而言，雖說不及臺北的凱悅、福華的飯店，但在矮子中挑高子，似乎可以稱說是鶴立雞群了。開放改革後短短二十年中，能有這般景觀，比上雖云不足，比下實有餘了。問題是，硬體的質觀必也有待於軟體的配合調適。軟體者，環境市街景觀及人們的穿著言行儀態也。就以金筑大飯店所在的市區中心延安東路而言，路兩側幾乎看不見可與金筑飯店相埒的同級高樓大廈。人行道上，業已被下崗青年男女所經營的夜市攤販佔滿，櫛比相連，好不熱鬧。舉凡成衣、鞋襪、電器五金、唱片、圖書、音響、剪紙、文書……但見人潮擁滾，樂聲嘈囂。小販攤都是經政府用粗鐵絲圈圍劃分，各攤販每月向政府納繳稅金。其租用市街地段，不若昔時臺北街頭攤販隨意霸地營業。每一攤位設有照明用電燈一盞，燈火說不上輝煌。我也曾遊逛了貴陽的小吃夜市，馬路兩側都被販賣滷、炸、煎、烤、蒸、炒的食攤佔滿。食客們衣衫不甚整，端坐擺在地上的矮几條櫈上吃喝。此景此情，在當今歐、美、亞的國家都常見，只不過不在觀光飯店所在地之首善之區地段罷了。

我於逛食街時，也曾購得當年常吃的一種土產水果「花紅」（狀似乒乓球大小的小蘋果），返回旅社品享。豈料半世紀的疏離，方知自己的口感早被異域甜潤香脆的大蘋果後來居上的取代了。嚼在口中，只留下了舌前的酸澀。夜晚發夢，一似少時奔跑於大片花紅林下，風乍起，花紅紛紛墜地，打在頭臉身上，遂醒。盜汗間，茫然不知身在何方。

九月十四日，在經過大約五小時的短暫休憩（姑且不說睡眠）之後，於亢奮卻也無奈的疲憊中醒來。推窗外望，朝日已昇，有好鳥鳴飛。街市上的氤氳一似臺北街頭之滯悶，這大約也徵顯著中國的現狀吧。周遭的一切都在渾沌之中，黏濕慵乏滯人，如何是好？我努力試著要與自己記憶中不甚明晰的初至貴陽半世紀前的印象互為印證，結果是苦淒失望，一無所獲。其實，又何需印證於自負然又空虛不全的斷續記憶之中呢？今天，二十世紀一九九九年九月十四日，我就要踏入那真切感人的安順縣城了，那個距離貴陽大約一百四十公里處，於抗日炮火中，我度過了偏安的五年童年的地方了。

那天下午，陽光艷好，我回到了安順。可是，安順已不是往昔的小小縣城，它在政治區劃上已然昇格為安順市了。

當然，東門坡仍在。我的足跡又印上了那條坡路。然而東門坡上原有的舊石板塊早為洋灰水泥的路面取代了。我也看不到沿坡兩旁當年解開胸衣露出堅實飽滿的胸肌的賣水青少，聽不見曾在我耳畔響了半個多世紀自坡上滑下的馱煤馬隊的得得蹄聲和叮叮鈴響了。穿了花俏的服式，頂戴著尖尖高帽，配著閃亮的首飾的賣菜的青苗少女，她們都到哪裡去了？隨風而逝，半世紀的流光，竟讓安順東門坡上的街景易改，我所見的一切，豈非郝思加在《飄》(*Gone with the wind*)中回到南方所見的故地？但是，飄散不去的，猶未隨風而逝的卻是深鎖在我片片記憶中的雲彩。喆弟與靈與我在東門坡上默默無語走著，大概街上的行人也都在駐足眨動著神秘的眼睛盯望著我們吧。我們當然也回望了過去。不，不是回望，怕是在眾人中尋找著與我們少時大約年歲相似的白髮老爹或抿嘴藏齒的老媼吧。他（她）們或許仍認得我們，因為當年我們就是他們眼中可數的少數外鄉客。他（她）們也許更會呼喚出我們的名字來——莊家慶、莊綿慶、莊國慶——，可憐莊氏兄弟的名字早在半世紀前離開安順後，在抗日勝利到來的時刻，為了要忘掉那一段悲苦愁慘的戰亂歲月，經父親改易成了莊因、莊喆、莊靈了。歲月悠悠，他們的名字是否也經更改過了呢？不知道。唉！即使從未改過，我們又能呼叫出他（她）們的名字來嗎？鄉親們！對不住喲！

過往的幼時同學的名姓固然難以自塵封的記憶中跳彈出來，我們相信一定會記得坡上曾經住了五年的那座小小四合院的舊宅，當然，還有面頰清癯白皙，穿了深青團花絲綢馬褂藍布大褂的屋主汪太爺。十年動亂中，汪太爺大約也失蹤，為人所遺忘了。

舊時王謝堂前燕，飛入尋常百姓家。

是的，無論那宅院如今多麼殘敗破舊，它也定然難逃六隻貪索的眼睛的。果不其然，摻雜在四鄰新建的樓舍中，汪太爺昔日的故宅終於赦懾地陳現了。「就是它！就是它！」齊聲呼叫著，我們跑了過去。當年熟悉的院內堆放著破舊的木板、煤塊和垃圾。東西廂房的門深關著。現在東廂房不知是誰住了？院角的那個大的接雨水用的瓷缸哪裡去了？即使仍在，五十五年如淚的雨水，它還容納得下嗎？那青石坂鋪設的院子，我們曾在那裡踢毽子、跳繩、飛洋畫片、擲沙包、騎竹馬、打水槍、抓麻雀、玩官兵抓強盜遊戲、劈甘蔗……的錦繡天地，容顏怎會變得恁地蒼老衰頹？「家寒兒衣不掩骭，空庖土灶未炊煙」，那曾是父親當年自中原避難一住五年看著我們在戰火中成長的地方呀！「辛勞歲月終難飽」，「進城貰酒當爐前」的忍辱韜光所在呀！我正自憶往著，從正門中走出來一位大約四十上下的中年男人，鼻樑上架放了一副眼鏡，笑靨迎客，自稱姓汪。是了，莫非此人就是汪太爺的後人？無奈我竟喪失了追問的勇氣，僅只訥訥道問了幾句五十五年前賃居住此的往事，便緊跟著兩位弟弟快步離去了。近鄉情怯，是嗎？

我待追尋的究竟是甚麼？那位可能係汪太爺後人的中年男子，他又能親口告訴我些甚麼？如若他並非汪太爺的後人，半世紀的滄桑，他又能訴說些甚麼？他能告訴我，在我離開安順的這五十五年中，汪太爺是怎麼過的？汪太爺是葬在何處呢？是那煙霧籠罩、垂柳滴翠的二橋湖邊麼？也許在巍巍的金鐘山上？「此時無聲勝有聲」，或許，我已無需倣效淚濕青衫袖的江州司馬白居易了。

原先安順城東大馬路上的綢緞莊「益生昌」及「永安祥」還在嗎？汪太爺會不會並未仙逝，而此刻正坐在那裡的紅木坐椅上，悠閒似昔地抽著他擦拭得亮麗奪目的黃銅水煙袋呢？那賣臊子米粉的店家，還依然把壓榨出的白淨腴軟的米粉抛在大鐵鍋中的沸水裡麼？製作「瓦兒糖」的街邊小販仍在麼？賣糍粑賣滷馬肉的攤挑，以及專為拖了黃鼻涕穿了補衲衣的娃兒們捏製五色繽紛的麵人的師傅還在麼？他們的鬍子該有尺把長了吧？還有，嗑著葵花子，大口吞飲燒酒的酒客，及坐在坡上兩側店面前木欖上，浴身在夕陽中，抽著長菸管，擺著龍門陣的漢子們呢？……立身東門坡上，下望東大街，我一下子變得怯生生，竟失去了一看究竟的勇氣了。路人一定在凝視著我，我知道，因為我再也找不到當年印在坡上的足跡了。東大街近在眼前，並未隨著滾滾江水東逝，這我也清楚。街坡兩側櫛比的房舍，驕人地排列著壓蓋過我的視線，似乎對我發出嗤訕：「喂！外鄉人！你回來為啥子？真是的，你原本就不屬於這塊兒的！」

「想起來了！」我笑著語告陪同：沿著東門坡下落東大街，一直走，大約行過三個街口的距離，應該就是城中心的「大十字」了。陪同稱說是的，只是大十字原來的城樓已經拆除了。噢！我失望的回應。我記起小時候，大十字城門樓下總是掛放著個把攻城失手的土匪首級，滴著血，一群蒼蠅在乾涸了的血疤處飛繞。不過，陪同說，城門樓雖經拆除，那裡豎起了新標竿，依舊還是審問犯人的地方。

我們坐車行過大十字，空空的一個廣場，確有一座標竿矗立著。靜悄悄的，沒有人，沒有怒目揚眉赤手空拳的紅衛兵，沒有剃了陰陽頭的壞分子，更沒有穿了綠藍色人民裝的公安軍警，以及俯首含悲憤的被批審的人，沒有……只有那標竿兀立著。細細長長挺挺，指頂著天，俯視著地，沒有表情，在微風中偶然擺搖。

離了標竿，車子朝著不算遠的城郊原先黔江中學附屬小學駛去。自然，黔江中學附小的校名老早易改了，如今是新中國的一家軍事醫院。是不是原先的陸軍醫院？我沒敢問。但終究忍不住問了左近的一位中年路人，他說不知道。綠草，鮮花，大樹……這些都意味著一些甚麼？我不知道。反正，我找不到當年的校舍了。猛抬頭，但見操場上孤立著的旗杆後的金鐘山，似乎似曾相識對我點頭微笑。「小小樹苗，秀拔黔中，十年之後，滿山豐榮……」，一陣當年黔江中學附小的校歌歌聲飄來。不是十年，是五個十年以外的年月了，當年的小小樹苗，如今是一株天涯皓首老樹。歌聲彷彿是由兩隻飛過的歸鴉叼銜著飄飛過去了。

於是，我們朝向此行安順的最後一個景點——城南華嚴洞而去。

城南十里路迴環，平地清泉水一灣。

這是父親當年描寫自安順縣城出南城門至華嚴洞的詩句。當年沒有汽車，也沒有甚麼科學量測，大概是十里之遙吧！如今乘車前去，似乎談說間已經到了。車經之處，沒有看見平地泉，也沒有看見螺螄山。當年泉中的魚兒，五十五年後怕已變成巨鰲了罷？路兩旁仍是碧綠田野，但房舍多了，幾乎與城區連成一片了。

華嚴洞仍在。洞旁山腰間的「會詩寮」也仍在。那裡就是父親當年帶領我們下鄉後住宿的地方了。建築又老了半個世紀，我們沒有上去，彷彿欠缺重逢故舊察看殘敗容顏的勇氣。當年夜臥寮中，聆聽寮下石級近處操場上特務連官民集合行走唱嘯的歌聲：「大刀向鬼子們的頭上砍去。全國武裝的弟兄們，抗戰的一天來到了……。」當年聞歌卻未起舞的少年，五十五載後，已經是所謂的「解甲歸田」的年紀了，那花甲老人也確在海外退休，飄然歸來，但他早已拋開深仇血債，與日本人（當年的「鬼子」）為善了。他開馳日本車，用日本唱機，就連這次海外歸來所用的照像機也是日本貨。歲月的流動何其速、何其大！改了，變了，這都不是平日重視的主點了。我只有感慨，但感慨能夠攝留在膠片中嗎？

華嚴洞口目前修建了妙法禪寺。法師釋通仁在知悉了我們過去的經歷後，破例允許我們越過禪寺入洞懷舊。洞裡仍是濕濕滑滑的，鐘乳石上也仍在滴水。而當年故宮博物院的寶藏就貯放在此，誰知道？恐怕連繪出〈洞天山堂〉的五代大畫家董源也不會料到吧！

通仁法師語告，因政府財力不足，無有津貼，而香火錢則微乎其微，不足以言擴建修繕。他虔敬地囑託我在臺、美為華嚴洞化緣募款。我雖不信佛，但感懷身世，俯仰歷史，也真希冀能達成通仁法師的囑託心願。五十年來家國，半生流浪南柯，國破山河雖在，搔首涕淚滂沱。不禁發願祈禱：

一願風調雨順，國泰民安。

二願安順鄉親，安安順順壽千年。

二〇〇〇年一月三一日、二月一日，《聯合報》

蜀江水碧蜀山青

幼時讀白樂天的〈長恨歌〉，每讀到「蜀江水碧蜀山青，聖主朝朝暮暮情」這兩句時，便會興起一種揮之不去的悵惘情感來。所謂幼時，是指中、日戰後自四川回到南京就學初中的時候。小小年紀，哪有甚麼哪知甚麼深愛大戀？更非聖主明君，也未得唐明皇楊玉環的刻苦銘心熾愛，風情不解，卻會生起揮之不去的朝朝暮暮之情，恐怕就是經歷了蜀山蜀水，從戰亂中走了過來，親眼見到無計被戰亂攪和、撕扯、斫殘的家破人亡悲慟慘淒情景使然的罷。我對於巴蜀那一份癡摯的抗戰情緣，竟因大文豪白樂天的兩句傳誦詩歌扣合常伴心中，更深埋在我遠走天涯的花甲長相思溪畔，不能或忘、永遠永遠。

一九八一年，我曾以將近半百的中年之身再臨長江之濱，無窮心事，隱忍難宣。那是十年文革的風暴方歛未久，空氣尚不能令人作適度自由吸吐的時候。而今再訪川巴，竟已是垂垂老矣的花甲一叟，時也將近改革開放後的二十年了。我此番想要見到的，當係青清的巴山蜀水。也許只有這樣的好山好水，方可浸映蘊在我心的縷縷朝朝暮暮思念之情吧！浪滔滔碧澄澄如是，才恰似那一江向東流瀉的春水，而我也當可把李後主詞中「問君能有幾多愁」那一句拿掉了。

二十世紀的最後一年——一九九九年九月十七日，清晨五時許，天尚未破曉，筑（貴陽）渝（重慶）鐵路的平快車把我送到了川東的重慶。先到長江大橋南岸橋頭的重慶賓館略事梳洗並進早餐。自陽臺上下望江水，渾渾盪盪。朝天門一帶在朝日下微微展現，但見大廈林立，很有舊金山自海灣大橋一端看望的景象，與我十八年前自成都東至時已頗不相同了。由於新建排立搶眼，便也把我的視線逼近，江面忽顯得變窄了。再過二十年，當我尚可稱身體適健的晚境又至時，希望看得見萬噸巨輪泊岸，山城萬家燈火的輝煌景觀。

約八時許，乘車往川東原巴縣一品場石油溝出發。車在朝陽中馳駛，公路崎嶇倒稱通暢，路面也平整完好。曩時舊憶隨著蜀日暖暖浮起於心田，半個世紀的隔離，早已存封在記憶深處的情燼，彷彿死灰復燃起來，頃刻間已然熾烈沸騰了。

巴縣於解放後已自地圖中撤除，如今轄屬大重慶市巴南地區。其實，古今中外，地轄上的更名易治，原非令人怪異之事，更何況我自己早就入籍美利堅番邦之國，不也是故人新籍了麼？歷史上的興衰之變，本不關黎民市井，也無可如何。自求多福，漁樵悲唱天年，也就是如此這般的了罷。

汽車自公路轉折上通往一品場的小道之後，路面忽然狹窄，且凹凸多碎石雜樹，散漫於野草中，光景一似當年。翠竹夾道，雞鳴狗吠，所謂桑田夢斷，風雨霞陽霜露，也只有窮鄉野壤水雲青山中憶起時，慨然一歎罷了。行過安瀾鄉集市易之地，但見路邊男女老幼穿紅戴綠，囂喧盈耳。各式攤販鋪地交易：雞鴨魚肉，豬仔牛犢，水果菜蔬，成衣鞋襪，兒童玩具，拉風箱鋦鍋補碗，吹糖人蒸煎煮炒，剃頭擔挑……林林總總。我望著一中年男子端坐櫈上，剃頭師傅已然將其一頭濃髮削落一半。但見該人神閒氣定，閉目不語，好似塵緣已了，從此遁入空門悟道去了。十丈紅塵，只為一生襟抱，飄移恍惚，心想倘能隨這位男子，落髮還真，山巔水涯，得逍遙浮生半世，不也甚好？總比我陷身雲山濁水，枉自追尋快活多矣。

「我拿青春賭明天，你用今生換此生。」時代流行歌曲瀟灑雜沓的音符點起耳邊，彷彿白鷺一行直上雲霄。我的青春可早逝於戰火硝煙之中，棲遲海外，如今滿頭白髮，怕已換不回來難再此生了。巴山蜀水，青山含碧，就這麼萬劫歸來，又復隨風逸去，已經沒有賭徒的豪興與孤注一擲的勇氣了。

聽我尊前醉後歌，人生無奈別離何。但使情親千里近，須信，無情對面是山河。

辛稼軒的〈定風波〉揚昇，雖是未曾把盞醇醪，而別離的無奈之情，大約已令我沉沉醉去了。情親千里近，無情對面是山河，恁憑甚麼要自苦若是！

長恨復長恨，裁作短歌行。悲莫悲生離別，樂莫樂新相識，兒女古今情。富貴非吾事，歸與白鷗盟。

白髮空垂三千丈，一笑人間萬事。我見青山多嫵媚，料青山、見我應如是。情與貌，略相似。

是了，白髮青山，我便如稼軒翁搖醉步入青山裡，白鷗且去，我但要青山，好將一腔愁感，都埋入化不盡的綠中。

果真，我走進一片悒鬱的深綠中。

日近正午，我們到達了石油溝。石油溝之得名，乃因當年地處窮鄉僻野的山中發現了石油煤氣，頗為戰時亟需原料的陪都山城重慶帶來了幸運的曙光。猶記得當年往返於黔川道上的汽車，都在車艙內裝設了兩個大鐵管子，滿裝天然石油煤氣以為動力原料。可是，我們此番所見，原來的石油汽井口早已棄封。環視左右，但見虎溪仍在，河岸翠竹佈滿，再加上近山丘嶺所籠的草木，綠得喘透不過氣來。

山中老石如牛臥，竹裡人家似蟻峰。最是虎溪橋下水，無言終古自嗚淙。

詩為老父當年樵隱山林，清居「山中除夕無他事，插了梅花便過年」的歲月，於登山瞰望峰下村里人家遣興之作。五十四載飄風降露，竹裡人家早已不見，斯時伴隨父親登峰的川娃兒，如今霜髮一翁，較之父親昔日年邁多多了。翠竹依舊，流水聲潺，魚孔灘仍曝於日下，光景都不稍減，變了的是人非。抬望眼，峰頂的臥牛石還靜靜悄悄臥在那裡，它大概目覩了半世紀的興亡變革吧！但是，牛首業已不見，怕是不忍卒睹，自斷了也未可知。正慨惘間，親自下山迎接我們的當年地保李篤生老先生，彷彿察覺了我的意不能平，於是張開緊抿了的嘴，自脫落了齒牙的空蕩口中吐出一串低涼含渾的語言在我耳際：「文革期間，牛頭遭激進分子敲掉了。」唏噓之間，他又告我，在那一段艱苦的歲月裡，他被遠配成都，繼而轉發長江三峽，勞改長達六年。於今，壽高七十有八，夙願化作雲煙散逝，野叟山中，已在自宅堂中備妥棺木一具，只待化鶴西去。山中老農身世有若李老先生的，古往今來，恐怕都可視為異數了。

李先生誠篤熱情地邀約我們這批遠客爬登山坡至其自宅午餐。說是水酒菲酌粗茶淡飯，豈料席開四桌，雞鴨魚肉，園蔬瓜果，更有自家磨漿點製的豆花及親手釀造的酢酒饗客。飯罷，喆弟為李老先生寫像，我在畫旁略題數語以誌年月。杜甫〈贈衛八處士〉詩云：

人生不相見，動如參與商。……少壯能幾時，鬢髮各已蒼。……焉知二十載，重上君子堂。昔別君未婚，兒女忽成行。……主稱會面難，一舉累十觴。十觴亦不醉，感子故意長。明日隔山岳，世事兩茫茫。

早就為我在千年前道出心中感受來了。

九月十八日，晴。上午自城區過長江大橋至南岸之海棠溪。海棠溪無海棠。今已繁榮風光，宛不似當年的蹇狹水域了。向家坡，那個李子林滿坡滿谷當年曾經居住過一年多的地方，已經看不見鬱綠之色。舊舍早除，新廈櫛比，半世紀前坐在李子樹下看望江水的浪漫已隨流水東瀉，一去不返了。我們也去了當年的小學——好職國民小學，喆、靈二弟及我都曾在那裡就學過，如今黌舍早不復存，變為一磚瓦廠址。問及該地工人過往種種，都無人曉。所被詢的人大皆二三十歲，文革歷史可能都已邈遙，在生活的負擔之下，怕也無暇無意他顧了吧！他們赤膊荷著工具，滿面灰垢，搓抹掉被問詢無以回告的窘色。

海棠溪原有的輪渡碼頭業經拆除了。站在空地上，陪同人員指著跨江的大橋無限驕亢地說：「這新建的大橋把市區拉近了。」拉近了，是的，可是五十多年的舊憶卻拉遠了。我隨手拾起一塊江邊的小石，揑搓著，石頭很硬，完全不似我心的悵觸難予撫平。我當真要把它帶回江尾大洋彼岸的家中麼？不知道。於是我將它拋向江水，「噗通」一聲，讓我滿腔難宣的感覺也被無言的江水吞噬掉。

從海棠溪往上走，車經黃桷椏，未久便到了我當年的母校廣益中學。校長室秘書劉先生親自接待，告知廣益中學解放後改為重慶市第五中學，一九八七年奉准更回原校名。當年我是廣益初一學生，學校為英教會所辦。校長楊芳齡先生早年留英，故其主持校務多採英制。廣益特重英文，足球也是重慶市中學裡體育的重點。我就讀的那一年，廣益與重慶市求精中學爭奪冠軍，校長親自編歌教學生演唱，早晚各一遍，非常熱鬧。我詢問劉主任如今廣益是否仍以足球稱譽，答云自楊校長過世後，風氣已易。遂同至楊校長墓前拜謁。因未備香燭，謹以虔恭之心行禮於碑前。

當然，免不了去了近處的文峰塔。塔身於文革間被損破甚多，雖經維修，仍嫌殘敗。四周原有石欖及欄杆，如今全遭人偷去。塔洞大門加裝的鐵柵也被人拆毀盜賣，原塔門刻有金字「文峰塔」三大字之匾牌也失蹤了。破壞性之強，令人難以理解。文峰塔腳下約二十餘丈處原有一報恩塔，本擬順道一看，但經陪同人員勸阻，說塔身遭破壞極重，已面目全非，不可攀登矣。「恩」之一說，向為儒家倫理所重，而此人本精神卻橫遭污毀，文革之斲喪文化，莫此為甚。

沿著成（都）渝（重慶）公路西北行，約一小時許，便到達離重慶一百二十公里處的大足縣。大足縣有自晚唐以至清代的佛教石刻一百零八處，造像六萬餘尊，雕鑿精美，規模宏大。關於佛像石雕，素有「北敦煌，南大足」一說，足見大足石刻是揚名世界的佛教藝術。

此次旅遊，不但旨在訪尋故居，凡古蹟名勝可以讓我眼界大開大滿的，都要在蜉蝣此生中飽覽一快。北敦煌尚未得機前往，則先遊南大足便不在話下了。

成渝公路沿線兩岸景色頗類臺灣。脩竹、綠地、農舍，都溫潤安祥。農舍看來十之八九皆係改革開放後新建，大都紅磚身灰瓦頂，高有兩層。離大足沿成渝公路西行二十一公里處為榮昌縣，縣治因地肥野沃得名，養豬業全四川省第一。（據稱，四川人平均每人可得豬一頭。）榮昌豬肉質精良，甲冠全國，暢銷遠近。除產豬外，榮昌夏布及折扇工藝，亦均享名全國。四川為中國四大絲織錦地之一，而農產富饒，工業興盛。大重慶市長江以東之沿江萬州區（原萬縣）為當今經濟開發區，四川在歷史上人才之盛，真可謂地靈人傑。我在重慶參觀了自然博物館，那裡展出中國恐龍化石兩具，其一即在重慶市南岸發現出土，四川歷史之悠久由此可見，故「地靈人傑」似也可以易為「地靈物傑」了。重慶市歷史博物館展出之器物，上自三代，都係四川出土。博物館三樓之「長江三峽工程建設發現出土文物特覽室」內之展品亦極精好。器物上啟舊石器時代下迄明清，舉凡漢磚，石棺，陶、瓷、銅、玉，彰燦引人。總而言之，四川在文化上如此豐饒，四川人如此得享文化恩寵福澤，我想，四川人當也瞭然，因我在重慶所見以「報恩」為名的景勝路名之多，足可見出。

報恩一說，好像專為史籍書寫。文革以來，「恩」似乎成了某人的階級成分，倘不幸家長被列為「黑五類」，則「恩」必將仇報。新一代國人，萬事以己命打拼，個人主義相當濃厚。說得露骨一些，就是太過現實為己利益著想。我在美國學界中，所知華人教員學生，凡水火翻臉，六親不認，甚至羅列對方莫須有罪名者，十之八九都係大陸同胞。傳統寬厚仁澤之說，無非糞土。青年人在異國立足之後，容或尚好，然在打拼掙扎階段，其慘況之激烈真令人心寒慄。這不能不說是文化大革命播下的惡種結果。所以，當我看見「報恩」二字一再出現時，不知是譏是福。譏者，「恩」在動亂的文革中橫遭斥拒，知恩者少而負恩者多；福者，是經過天翻地覆的大動亂之後，「恩」澤又衍生於人心中，說是否極泰來，似亦不可。我把這樣的意思跟陪同人員述說了，他仰視浮雲，未作一語。但，我從他的眼神中卻看到了抹不去的真光。

而我也就是在這份心情下參觀了大足縣的石窟神龕。

大足石刻是中國著名石窟藝術寶庫之一。大部分成於五代兩宋間，屬於晚期的石窟藝術。其石窟造像充分顯現超前可貴的成熟色彩，且能夠盡量擺脫掉北方外來佛教造像藝術的影響，某些部分更衝破了宗教藝術的束縛，廣闊地反映了當時的現實生活及國人的思想感情。於技巧及技法上更吸收並融和了各種藝術的風格，呈現了鮮明的特點。譬如說，我此次參觀了的北山及寶頂山二石窟的石刻，前者的「轉輪經藏窟」及「數珠觀音」都足以和世界上著稱的石雕媲美；後者的「父母恩重經變相」，「地獄變相」及「牧牛圖」等，其表現題材之豐富，生活氣息之濃烈，一幅幅生動曲折感人的圖景呈在眼前，多彩足姿，呈現出引人入勝的社會生活，令人擊節興歎。而這些也正是令我較之對於純外來佛像藝術更為欣賞的方面。

四川大足縣境內何以會出現大量精美的唐宋石刻，原因殊多，大體可以歸納為五項：其一，四川盆地居長江上游，川西平原沃野遼闊，復受都江堰水利之惠，農業發達。除農業外，煤、鐵、鹽、茶、絲綢諸業興旺。南宋五朝北方土地大都喪失，經濟凋敝，唯蜀土富實，未遭兵革之擾。其二，四川自古為中國西南交通之孔道，西出絲綢之路通達西域，南經雲貴可抵中南半島及印度；東沿長江而下可通吳越出海；北逾劍門直入中原。其三，在歷史上，自南北朝以來，中原戰亂頻仍，四川得地形之利，相對的未受兵革之苦，北方的文化人士，高僧大德，入蜀避難者多有，李白、杜甫、玄奘、貫修等都是。唐玄宗、禧宗先後逃難入川，兩次隨駕之文臣武將，名工藝士多不可數，於是成就了四川在南北文明上的匯集。其四，四川歷代多有借宗教以維繫政權從而具有割據性的統治者，如漢代張陵、張衡、張魯祖孫三代以五斗米道教治民，五代前蜀王建供密宗大師柳本尊等；盛唐以後，特別在南宋時期，四川宗教之興旺遠越華北，其石窟居全國之冠。其五，大足地處嘉陵江及沱江的分水嶺，為古巴蜀接壤處成都與重慶間的驛道重鎮。唐末及南宋多在此貯糧屯兵，並造石窟像，北山及寶頂山石刻於焉出現。

根據文物普查資料顯示，大足縣最早的宗教石刻造像當為唐高宗永徽和乾封年間（公元六五〇—六五五年）的寶山鄉尖山子摩崖造像，經五代至南宋達於鼎盛。其餘波蕩漾至明清二代，歷時千餘年，源遠流長，盛況空前。現大足縣境內所存石窟，內容豐富，數量眾多，佛、儒、道三教都有。無論某一教單獨造像者，或兩合一及三合一造像者，可謂為中國其他地區石窟造像鮮有現象。凡佛教題材造像者約占六萬以上人物造像的百分之八十，道教題材者占百分之十二，三教合一者占百分之五。餘為儒家和歷史人物。

北山摩崖造像位於距大足縣城西北約二公里處之北山山巔。晨霧夕暉之中，峰起嶺聯，宛似游龍。由於岩石參差如龍鱗，故古代又名龍岡山石窟。北山石窟之唐代作品，其人物端莊豐滿，氣質渾厚，熱情樂觀，衣飾簡樸。例如五號石窟的「毗沙門天王」，身材魁梧，著金剛胄甲，神態英武，頗近中國古代武士形象；十號窟的觀音菩薩，面如滿月，眉清目秀，體型手潤。手執蓮花，玉立亭亭，在輕紗薄衣之下，彷彿肌體如生起伏；五十一號窟的「三世佛龕」，佛的造像極古樸，線條流暢。力士上身裸露，腰繫短裙，持刀極富動感；又如二百四十五號窟「觀無量壽佛經變相」，規模雖不大，但人物多達五百三十多個（小者尚不盈寸）。內容豐富，望之栩栩如生。龕的上部刻西方淨土盛況，雲間天樂如鑼、鼓、笙、鈸、琵琶、箜篌、編鐘等多達二十餘種。飛天起舞，青雀翱翔，樓臺亭閣有致。龕的中部刻「西方三聖」並諸菩薩及各種伎樂，或歌或舞。龕的下部刻「三品九生」往生。龕口外兩旁及下部基座前方則刻「十六觀」和阿闍世幽禁其父母的「未生怨」故事。構圖簡潔洗鍊，寓意明確，天上人間渾然一體，極有神話色彩。高雕、淺雕、或鏤空雕，諸般技法都用，藝術上的透視法也運用正確，諸般景物都呈現了分明的層次。

約占北山石窟作品四分之一的佛像是五代期的作品。可惜由於龕窟淺小，石質多遭風化，稍微顯得殘敗。五代作品多以淨土變為題材，石刻刀法精細，景像人物場面熱鬧，栩栩如生。菩薩大都小巧玲瓏，表情善良純潔，且體態多變，尊尊神色瀟灑。而菩薩的衣飾紋路較之唐代人物石像者已然趨向繁麗，由唐到宋的過渡風格已經展現了。

宋代石雕可以說更其接近生活，比較充分地體現了中國人的一般審美情趣，藝術造詣甚高。如果稱說這是北山石刻造像的精粹，並不為過。看起來，人物的個性異常鮮明，比例勻稱，體態優美，穿戴也大多濃艷，呈現了藝術造型上的民族特色。無論人物或器物，似乎都經過了藝術家的刻意提煉變形，憑據人們的一般生活而體現了又高一層的生活，既像又非，耐人尋味。比方被譽為「北山石刻之冠」的一百二十五號窟「數珠手觀音」造像，儼然一妙齡女郎斜倚石壁，頭戴花冠，朝前低俯下視，含顰自若，身段苗條。其上體微露，肘懸衣帶，而長裙繫腰，足登雙蓮，側首迎風，裙帶飄逸的嫵媚之感表露無遺。總而言之，國人的一般審美觀，因接近實際人民生活而人神共現了。又如編號一百三十六的「轉輪經藏窟」，人稱「大足石刻的王牌」的精彩絕倫的一窟，保存完好，宛然若新，展現了可資借鑑的藝術規律。窟（高四點一米，寬亦四點一米，深六點八米）室中央屹立著八角形的轉輪經藏，蟠龍為基，龍陳展於雲朵間。中部蓮瓣露盤邊上，上面刻了四十多個或立或坐或臥或爬的嬉戲兒童。露盤上方有八條龍柱，龍有仰天或下瞰不同姿勢，極富動感。龕的頂部八方均刻有淨土圖像。「轉輪經藏」既係全窟支柱，又象徵了法輪常轉，故宗教氣氛甚是濃厚。在窟內正壁，中央刻有釋迦端坐蓮臺，莊嚴肅穆。釋迦佛頭上頂出二道毫光，分向左右，於窟頂繞成四圈，貫穿全窟。釋迦左方有迦葉和淨瓶觀音，右方為阿難和大勢至。左壁自內而外為普賢菩薩、日月觀音及數珠觀音及如意珠觀音。此窟十分重視人物的個性塑造，二十餘尊造型各不雷同。普賢菩薩以概括中國婦女形象為依據，造型美觀，臉龐清秀圓潤，頭部前傾，目光下俯，抿嘴展笑。其體態窈窕，衣冠適度，顯得溫雅柔靜，令人感到親切。位於普賢菩薩對面的是文殊菩薩。文殊為佛門中博學廣聞，多才善辯，象徵智慧的代表，造像為男性，面部方正，兩眼平視，凝神微閉雙目，嘴唇柔薄，並略微上翹。其體形壯實，彷彿精力充沛，性格開朗，與普賢形成強烈對比。日月觀音則面頰豐腴，棱鼻小口，秀眉鳳眼，表露出慈祥和藹的母愛。其左方立一老者，虔誠恭順，若有所悟。右方則立一貴婦，富態雍容，穩重敦厚。玉印觀音正直不阿，一臉老成持重。其身旁站立男女兩位侍者，眉眼上挑，俊秀文雅，真是一對才子佳人。數珠觀音則雕琢得冰肌玉膚，面頰細潤彷彿吹彈可破，表現出絕塵恬靜的神情來。如意珠觀音像雕塑得滿身珠串花簇，一臉聖潔高貴。這些雕像，既具充分的人性，又不失其為有仙風道骨的神風。雕造工藝真是精美絕倫，巧奪天工。最要者為刀法準確俐落，花簇珠串都玲瓏剔透，神像如真，令人久看不厭，暗自叫絕。中華藝術的勁道精神，在那樣早期的時代，就表現得如此輝煌引人，世界藝術倘若欠缺了這一部分，也就難稱完美了。

從北山摩崖乘車東北行約十二公里，至寶頂山石窟。寶頂山石窟全部石刻造像皆經過周密選材及精心佈局，前後啣接，圖文對應，邏輯性強，注重哲理的演繹。總而言之，要在將佛教的人生觀、世界觀、認識論、修持法，與儒家的倫理及理學心性融為一體，顯示了宋代佛學思想的特色。也可以說，這些石刻把佛教藝術從內容到形式全部中國化了。而這也就是極為吸引我的注意力的方面。

寶頂造像的選材及佈局，是以大佛灣及小佛灣作道場的主體，再加上外圍接界各像而成。所謂大佛灣，是禳災祈福，供廣大信眾活動的俗講道場。它位於一個深幽的馬蹄形山灣之內，谷口有一嶺橫臥，形成一個封閉的盆地。造像沿崖刻出，構成一個以蒼天為室，以大地為紙的曠野大道場，全長一華里，畫面宏偉壯觀浩蕩。道場內容約可分為五組，共二十二圖。

比方說，第三組的第一部為「父母恩重經變圖」。上造「七佛」，《五燈會元》稱七佛一脈相承，住世皆有父母，從而提高了父母於子女之地位。下造「十恩」，以夫婦佛前乞子為序，而後通過懷胎守護、臨產受苦、生子忘憂、咽苦吐甘、哺乳不盡、迴乾就濕、洗濯不淨、遠行憶念、偽造惡業、究竟憐憫等十恩，生動又細膩地描繪了父母養育子女的過程，動人肺腑，尤突顯出父母的恩重如山思想。在圖旁並有頌詞云：「父母如憂念，乾坤定不容；人間遭霹靂，地獄飲洋銅」，不難看出有意詮釋「百行孝為先」的儒家理論。文革發生之前，倘若發動這人類歷史上荒謬絕倫的違情背義大災的人，能到四川大足寶頂山看了這樣的經變圖，或也不至於造下不可寬饒的慘變大禍了。

第三組的第四部為「地獄變相圖」。上部造了十佛及地藏菩薩，還有冥府十王及陰朝十二殿；而下部則造了尖刀、油鍋、鋸解、鐵錘、截膝等諸地獄恐怖景像，並且配有在人間作何孽，則入地獄受何刑的文字。有一圖為飲酒者遭割舌斷膝的處罰，令人怵目驚心。又有成鮮明對比的天堂與地獄一圖，天堂部分標出善、福、樂，地獄部分則標出惡、禍、苦。發善心者得福樂上天堂，起惡心者遭逢禍苦下地獄。其旨其喻理如此明顯，自唐宋以至於今，佛教沾渾了中國的儒家之說，廣被深植人心，為何少許自命今世新主大神的人，竟強加推翻，變天堂為人間地獄，滅人性崇暴行而令民族遭劫，真是費解。中國哲學史稱理學為「援佛入儒」，而寶頂山造像則顯然「援儒入佛」。外來的文化有好有壞，然共產主義之荒謬，推行者之殘凶野蠻，不言可喻。文化乃為人類民族所共欽同感接受傳承，這是不能且無法抗拒的，竟圖用「革命」憑一人之力以斷阻之，真是癡人說夢！愚不可及！

在「地獄變相圖」之旁，還刻有輔助人眾的〈了心歌〉。歌云：「方寸心非心，非淺亦非深。寬則遍法界，窄則不通針。苦樂多般事，皆緣一寸心。」這樣的易曉哲理，與宋代程朱理學的「心性論」言「一人之心，即天地之心」，「人心私欲，故危殆；道心天理，故精微」原本出如一轍。可能毛氏錯會了「一人之心，即天地之心」一語，斷章取義，以逞私欲，結果人亡政息，道心天理復惠民心。讀書不通，乖戾獨行，中外古今暴政皆如此，暴君都是如此這般，殘民以逞，萬劫不復。

在這個曝露於朗朗乾坤青天白雲之下的大道場最後一窟的石壁上，鑿刻了「與佛有緣」四醒目大字。我不信佛，但「佛」之一義主「智」，不為煩惱所害，則為我行事做人所深信。凡不義之想，凡「人上人」之想，都是天大笑話。「與佛有緣」，其醒世之理當為師表。世上之人倘人人知天命尚智重情，則天下之不大同，未之有也。所謂「緣」，實言其人自降世隨之而來者之謂，不可以解釋，不可以不信。我與友人曾有打油之偈曰：「仙家有酒不學禪，佛家無酒信前緣；是仙是佛都不管，禪緣只在有無間」。願與世人共之。

離開大足的綠水青山，重返十丈紅塵的重慶，我心滿滿。密集旅行的數日疲怠盡消。「蜀江水碧蜀山青」，沒有長恨，但覺如果只看人間之善處，乾坤委實美好。

二〇〇〇年四月七、八、九日，《聯合報》

仙樂風飄處處聞

此生身過長江三峽已得三次。於不同的人生年歲階段過峽，一在少年，一在中年，一在老年，感懷也就迥然不一樣了。這次老境三過三峽，雖說因時程而誤了再望巫山神女峰的良機(因入夜始過巫峽之故)，卻換得加遊有「峽郡桃源」美譽的小三峽的幸運，顧此失彼固然，也算得是因禍得福了。

小三峽（龍門峽、巴霧峽、滴翠峽）位於大重慶直轄市東北方界陝西與湖北處之大寧河上。大寧河又稱巫溪，發源於大巴山南麓，自西北向東南流貫巫溪、巫山兩縣，在長江三峽腹地的巫山城北注入長江。在巫溪與巫山之間的一百二十公里水程一段，兩岸峽谷盤立，河水清澈，風光秀雅卓旖，與長江三峽之浪滔滾群峰連的磅礴大氣及整體風格頗有差別。二者互為相映增輝，而小三峽自有其佳幽美勝。我們在長江左岸的巫山換乘機動小艇，北沿大寧河逆流而進。

龍門峽為小三峽之第一峽，全長十二點三公里。這裡峰奇石怪，礁多灘險，船於行駛中底部擦撞潛石，咔咔有聲。水程中景觀疊現，兩岸石崖上留有中國古代最長的棧道鑿痕，一路逶迤盤去。想像中棧道上人馬雜沓，令人發思古之幽情。峰迴路轉，景勝雄壯巍峨，險峻崢嶸。

有時白雲出岫，橫嶺飄逸。峰下則有清江淺灘，依山帶水，偶得好鳥亂飛。彷彿遊仙天境，幽深萬寂之間，忽然仙樂風飄，由上而下，碎落波中。「漁翁夜畔西巖宿，曉汲清江燃楚竹。煙銷日出不見人，欸乃一聲山水綠。回看天際下中流，巖上無心雲相逐。」雖不見漁父，亦非曉天，更不是搖舟順水下行，然則水綠山青，回首巖上白雲相逐之景，卻被柳宗元的詩句畫出來了。秦少游詞句云：「多少蓬萊舊事，空回首，煙靄紛紛。斜陽外，寒鴉數點，流水繞孤村。」未見寒鴉，但煙靄斜陽流水，都在景中心田。五十五載浮生，此身來自海外，寂寞銷魂。空回首，多少古今事跡，都隨附清溪流水，無聲瀉去。「驛寄梅花，魚傳尺素，砌成此恨無重數。郴江幸自繞郴山，為誰流下瀟湘去。」我不是秦少游，客中也無梅花可折，更無書信魚傳，自江南捎去長安，只是遙思太平洋彼岸家中牽手，無恙否？「新聲含盡古今情，曲終人不見，江上數峰青。」既似與少游神交心會，這點心情迷景，還是由他獨自打量安排出來好了。「啊啊，鄉愁呀鄉愁！不知要到哪一年哪一月哪一日，才能讓我再擁抱和親吻一下。」我竟有著詩人紀弦的濃鬱鄉愁了。比紀弦稍好稍慰的是，我已擁抱了和親吻了。但，轉瞬又將別去，「空回首」最是傷情斷腸！

正神魂顛倒時，突然峰迴，彎處出現了一片碎石淺灘。看過去，但見五、六個樸衣短褲少年男子，手持約一丈長的竹竿，前端繫了一個網兜，內中放著少許奇形亂花石塊及其他如古錢一類實物，在灘上隨著我們乘坐的機動旅遊小艇奔跑，口中呼喊。有的更不時將長竹竿向船上投刺過來，期能做成交易，換取一些利潤。他們的山中青溪歲月，就這麼默默隨日昇月落逝去了。山外世界擾攘，他們可曾遐想過？而我這紅塵老叟，又怎地嚮往於他們的純潔精聚？山外有山，海涯有海，乾坤世界之大，我在他們的歲時，不也正愚騃頑健，而何曾料想到我會翻山越嶺，海上歸來？紅塵千載，古今無異，只有山風澗水，輕嗽潺緩，我真想效蘇東坡「漁樵於江渚之上，侶魚蝦而友麋鹿，駕一葉之扁舟，舉匏尊以相屬」，世外逍遙去了。

又一轉彎，峰退谷開，河面也見寬闊許多。此時，已然進入巴霧峽了。怪石嶙峋，抬望眼，但見峭崖上方有一古懸棺。是何人在內，仙化於山水悠閒中，已不得知。竟也忽生羨慕之情：心想在這亂攘攘的大千世界，人生百年之後，倘能靜臥棺中，耳聽山風仙樂，流水淙淙，俯瞰深谷翠峰，獨善其身，真是何等造化！正嚮往間，又見河邊遠處灘頭有小孩四五人坐地向我們揮手。他們口中呼喚著甚麼我聽不清楚，因為船上的馬達聲實在太嘈煩了。於是，我也本能地向他們揮手。不是驚逢乍見，而係告別。等一下轉頭回程，登上江輪，浪滔滔東逝水，便一去不返了。再看，又見河邊有兩三個浣衣女孩，村姑打扮，長辮垂肩，腮紅粉嫩，花衣裹身。襯著背後的青天碧樹翠巖，宛如沈從文小說中湘水之濱臨流出世的爛漫少女。如此人物風光，直教人唏噓著迷。而明天，我們即將穿越三峽，過葛洲大壩，直下宜昌，轉赴武漢了。

二〇〇〇年三月一六日，《聯合報》

怒雨奔濤亦壯懷

遊罷小三峽，重登「平湖2000」號江輪，沿（長）江直下過葛州壩，便是宜昌了。再由宜昌而武漢（這也就是我們此行湖北省的重點），通常都是沿江續行的，此段水程因長江南流繞過洞庭湖岸，經湖南又復彎向東北上行，而頗費時間。故此次我們自宜昌棄船就車，過荊州大平原直放武漢而去。

荊州原為漢治。東漢末年劉表據守該地。漢室劉備遭曹操迫逐至該地依附劉表，得到了傑出的謀士諸葛孔明及北方流亡志士的襄佐而形成了劉備集團，其勢力亦因而空前擴大。荊州人多至十餘萬，更有輜重車多達數千乘，使得劉備比曹操處於更有利的地位。三國之時，吳國的孫權覬覦荊州久矣，因荊州在江東的揚州上游，依長江而關係吳國安危。孫權思戀據有，乃勢所必然。否則，吳國則不能存保。而對劉備來說，蜀漢之地，倘益州（今四川成都一帶）不得，雖擁荊州，而在魏、吳兩國壓夾之下也難倖存。故劉備取得益州之後，荊州遂曝露於孫權攻奪取而代之的野心下，最後殺了蜀國的荊州守將關羽，城陷歸吳。在此之前，荊州因劉表死而其子劉琮投降曹操，而荊州兵將被迫請降，軍心動搖。曹操卻不戰而勝，於是增長了他的驕慢之心。未料赤壁一戰，不期蜀、吳聯盟（水戰北方士兵因不慣南方水土），大敗逃回北方。至此魏、蜀、吳三國鼎立之勢方定。當我乘坐的汽車在荊州平原之上馳駛時，千餘年前的歷史掃過心田，古戰場的硝煙似仍飄盪天際。俱往矣！如今我所見的竟是漠漠浩浩一大片既寬又廣的田野，遼饒豐腴安寧。我雖非為弔古而來，然撫今思昔，卻為仍能以一個域外番化了的華夏後裔而興情且得作歷史的回顧而喜。似也算得上此生足令一己躊躇志滿的事了。

劉備在荊州喪失了他的左右兩臂——桃園三結義的關雲長和張翼德，又失了糜夫人，退守蜀中。而千餘年後，莊某出蜀道經荊州，直落武漢，無所失據，只唏噓歷史風雲人物，變幻古今。當我在武漢登上了黃鶴樓，縱目四望時，煙渺處，彷彿真看見了樓下西南遠方沿大江的赤壁鎮，（「山川相繆，鬱乎蒼蒼，此非孟德之困於周郎者乎？方其破荊州，下江陵，順流而東也，舳艫千里，旌旗蔽空，釃酒臨江，橫槊賦詩，固一世之雄也，而今安在哉？」）及浪遊於赤壁之下的蘇東坡，不正是與朋友「駕一葉之扁舟，舉匏尊以相屬，寄蜉蝣於天地，渺滄海之一粟，哀吾生之須臾，羨長江之無窮」在賞遊麼？歸自大海之濱的我，三十功名塵與土，華髮一叟，感人生之幻化莫測，觀古今，「而卒莫消長也。蓋將自其變者而觀之，則天地曾不能以一瞬；自其不變者而觀之，則物與我皆無盡也。」天理若是，何需怨歎如斯？王粲有句云：「荊蠻非我鄉，何為久滯淫？」戰亂飄忽，能在老境登樓一覽，發思古之幽情，似乎也該仿效曾在荊州附近彭澤為令的陶淵明，過過「春秋多佳日，登高賦新詩」，「白日掩荊扉，虛室絕塵想」日子的好。其實，武陵桃花源的風景勝地，就在鄂、湘交界處今湖南北部不遠的張家界。「千秋萬歲後，誰知榮與辱；但恨在世時，飲酒不得足」，真的不如歸去，歸入武陵源，「長吟掩柴門，聊為壟畝民」，不消滾騰於十丈紅塵中，還是做那煙波釣叟去吧。於是也就不必如崔顥之登上黃鶴樓，唱出「日暮鄉關何處是，煙波江上使人愁」的詩句了。乾坤之大，世界何闊，身在何處即是家鄉，若無這點通識，流落他鄉真是太苦太苦了。

就在這樣濃鬱的歷史氛圍中，我們次日又去參觀了位於武昌東湖之濱的湖北省博物館。博物館乃因七十年代末期在湖北省隨州市、棗陽及京山一帶所發現戰國時代早期的曾侯乙墓出土文物而建。外觀新穎，建築及設計都達國際水平。背水面市，肅雅引人。

曾侯乙是戰國時曾國國君。所謂曾侯乙墓，即是他的墓葬。一九七八年夏經發現挖掘出土禮器、樂器、兵器、金玉器、車馬器、漆木用具及竹筒等共一萬五千餘件。出土文物中頗多罕見珍品，例如「九鼎八簋」完整的青銅禮器群，特別是採用七音階的六十四件青銅雙音編鐘，充分展現了早在中國先秦時代工藝品的輝煌偉大和精良。

曾侯乙墓為一座大型岩坑豎穴木椁墓。東西長二十一米，南北寬十六米半，總面積約二百平方米，深約十三米。墓坑底部係用一百七十一根長方形條木壘成了椁室，四周填以木炭。椁蓋板上依次鋪設了竹席、絹、竹網。其上再分別填以木炭、青膏泥、黃褐土、青灰土、五花土等各層。椁室分東、中、北、西四室。各室底部有隔牆方洞相通。東室放置主棺一具，陪棺八具，殉狗棺一具，及其他金玉器、漆木器、車馬兵器、樂器、骨角雜器、絲織和麻織品等。中室放置六十五件一整套的大型青銅編鐘及以三十二件為一套的編磬樂器。除此之外，還有以九鼎八簋為中心的青銅禮器。北室中主要放置車馬兵器和其他的竹筒及大型青銅器物如尊、缶等。西室中為陪葬棺十三具及少量飾物。根據中室出土的楚惠王熊章贈送給曾侯乙的鎛鐘上銘文，顯示楚惠王五十六年（即公元前四三三年），大約可以預測為曾侯乙下葬年代的上限了。

曾侯乙墓出土青銅器（包括兵器、樂器、禮器、計食器、水器、酒器等）共六千二百三十九件。數量之豐，器形之富，紋飾之精巧，彰顯了中國鑄造工業在那麼早遠的年代就有的輝煌藝術。中國古代銅器珍藏最多最富的地方，是當今的臺北故宮博物院，睥睨世界。如今再加上了曾侯乙墓出土的戰國時代青銅器物，蔚為大觀，真令我以自己的中國背景為榮，就連伴我同行在美國土生土長的兒子都連讚「了不起」(marvellous)，喜形於色。

當然，在琳琅諸多件數的青銅器中，最是令人難以置信既驚異又復驕讚的是六十五件(一套)曾侯乙編鐘。長鐘架長七四八厘米，高二六五厘米；短鐘架長三三五厘米，高二七三厘米。最大鐘高一五二點三厘米，重二零三點六公斤；最小鐘高二十點四厘米，重二點四公斤。編鐘總重量約二千五百六十七公斤。鐘架上裝飾用的銅套、銅人，以及銅立柱和其他掛鐘配件共重一千八百五十四點四十八公斤。總的來說，這套編鐘共用青銅達四千四百二十一公斤。編鐘分成三層八組，懸於曲尺形用銅和木結構而成的鐘架上，每一件單獨的鐘可以奏出雙音來。整套編鐘有五個半八度及十二個半音，可以旋宮轉調，其音宛如現今的C大調，得以演奏五聲、六聲甚或七聲的樂曲。這無異反映了中國早在先秦時代音樂上(律學與聲學)及冶鑄方面的卓越高成就。如分析敘述，約有下列數項：

一、編鐘的實際演奏和鐘銘上「變宮」、「變徵」的音名，確切證實了音樂上七聲音階的存在早於中國的先秦時代就有了。

二、中國音樂史上的十二律形成於西周早期以前。因為，按照曾侯乙編鐘鐘銘上相當於十二韻律的律名共有二十個不同名稱，如果按照《管子》一書中三分損益法生律，則明白表示今人認為音律係由希臘傳入之說完全子虛。

三、在中國音律史上，究竟是「以弦定律」或是「以管定律」一直爭執不決。千餘年來，似乎「以管定律」一說佔了上風。可是，曾侯乙編鐘的鐘銘則為「以弦定律」提供了證據。如果再加以對於五弦琴的研究，我們可以確認在周代，中國已經有了以弦定律的正弦器「均鐘」。可以肯定的說，中國音樂的比率知識，完全是我們偉大的先祖所早有，並非自外輸入。換言之，中國古代文明較之西土尤為輝煌。所謂四大文明古國，中國排居首位應勿置疑。

四、曾侯乙編鐘的鐘銘表示了十二個半音體系是以徵、羽、商、宮四個階名為核心，而在這四聲的上方和下方的大三度音，則分別以「角」和「曾」綴出表示，構成了十二半音。通過現代科技的實測證明，編鐘已經具備了旋宮轉調的功能。

五、早在先秦時代，中國音樂早就有了絕對音高和相對音高，八度組與音域相生相應（一鐘雙音諧合共振）的音程、階名、變化音名及與編鐘旋宮轉調相關的宮調概念等等。總之，鐘銘上體現了音列、音階、調式規律等，則為前所未聞。

六、曾侯乙編鐘的出土，確證了中國早在先秦時代，即能利用合瓦形鐘體解決一鐘發出兩個呈三度關係且不相撓的音樂問題。

七、曾侯乙編鐘證實了運用青銅合金的比例成功地控制了鐘聲的音色。

除了青銅編鐘之外，湖北省博物館還展出了與編鐘同時出土的其他樂器，計有編磬、鼓、瑟、笙、琴、排簫、篪、均鐘（其中的十弦琴、篪及均鐘等都係失傳了的先秦樂器）等九種樂器共一百二十五件。

湖北省博物館我於一九八一年初訪大陸時已去過，那時曾侯乙墓出土文物正在展出。可惜我隨團前往，時間安排得緊湊，只是走馬看花而已。何況那次是離開大陸後四十二年首度重返，而且社會上正是文革大亂之後未久，我的注意力都被文化層面財經政治駁殘的方面給吸引去，即使在西安參觀秦墓出土兵馬俑也如此，促使我引發歷史文化光盛感的時候並不多。而十八年後這次再至武漢，又再度仔細觀看了曾侯乙墓出土文物之後，那種偉欣的溫暖一下子攫住了我。能有幸作為華夏後裔，那一份榮耀實得自豐饒的歷史文化饗宴。對於一個民族，一個國家，歷史乃如巨川洪泛，如何整治使其變成渠水以灌溉千甲良田，而免去大患澇災，這是背負了這樣的歷史的子民應有的嚴肅忠誠的認知。我們一定要在歷史煙霧的瀰漫下，撥雲見日。

縱觀曾侯乙墓出土文物所展示的，不但清清楚楚告知我們，在中國，古代已有完好的禮樂葬制了。這就對於客觀分析春秋戰國時期諸侯僭制的「禮崩樂壞」一說的社會狀況提出了極為重要的意義。而在歷史學、音樂學、美術及科技研究諸方面，更具劃時代的既新又深的大成就意義。

我於是想起了業已過世的世伯臺靜農教授的兩句詩「孤舟夜泊長淮岸，怒雨奔濤亦壯懷」來，彷彿歸自天涯的花甲一叟，竟然噙淚想做青少的仰天長嘯了。

二〇〇〇年七月一二日，《聯合報》

歌聲歇處已斜陽

這裡借用的是孔尚任《桃花扇》第一齣中侯方域與朋友們去聽柳敬亭說書「歌聲歇處已斜陽，剩有殘花隔院香；無數樓臺無數草，清談霸業兩茫茫」那幾句說唱中的一句。

六朝金粉，民國首都，這應該是七朝都城南京所予我的暗思量了。六朝之事早如潮水迸散，國民政府業於半世紀前移遷臺灣，如今偏安臺北；而大陸政權早遷至北京。十八年前我離後首訪石頭城，「猛抬頭，秣陵重到」，人到中年，難免有感；而此次老境又至，真有「無數樓臺無數草，清談霸業兩茫茫」的心懷。雖不必「放悲聲，唱到老」，然在京作短短一天又半日之遊的白髮老人，登冶山，謁（中山）陵園，訪秦淮，遊莫愁（湖），衷腸熱動，對我對這古城來說，「歌聲歇處已斜陽」，這點意味倒是挺貼切的。

冶山，就在南京城西原朝天宮旁前故宮博物院的背後。所謂山，實則即一丘。當年（民國三十七年）那裡彷彿仍是一座荒丘，野草雜生。我常於課後薄暮時分，帶了口琴爬上其頂，坐在草叢中，聽江聲，觀浮雲，送落日，看炊煙，吹奏起〈黃葉舞秋風〉的時代歌曲。似乎在晚風捎來的寂肅氣氛裡，已經耳聞國共間互發的槍炮聲響了。也許那時候我還不解「悲涼」一詞的真意，但心中醞起的一份惆悵，卻是隨風遠散飄飛了。

此次又訪南京，得機去了當年朝天宮旁的原故宮博物院舊址，補償了我十八年前去京沒有時暇憑弔的遺憾，心中備覺悵觸中間又夾了些許欣慰。尤其是當我們來到當年就穩立在地的那座石庫般的古物存放倉房，一切依舊，只是石頭外面為風吹日曬雨淋霜浸的黑色紋路更其深了。整個石室面對冶山，寂寞無語。現時就自那裡修築了一條水泥路，直達山頂。我們沿路登山，在頂處的一個涼亭內四顧瞭望。當年歌唱〈黃葉舞秋風〉的金嗓子早登天國，而那些當年瑟縮搖風的青草也已不見。近旁四處都是新建的樓舍，汽車馬達攪響的虎虎聲浪次第遞來，我在心底泛起的一絲淒涼意也竟被逼退下去，連滿眼蕭索辛酸的感觸都給敲碎，被五十五年似水若雲的漂流時光捲去，不知何時何日何月何年才會再度映放在我淚已乾涸的老眼中！

「櫺星門」的橫匾還可以看見。靈弟興奮地舉起相機拍照，他說：「那裡就是我當年讀書的小學了。」是的，當年方入初小四年級的小朋友，如今已屆花甲，歲月悠悠，他也定然有感的。我的目光隨順著建鄴路蹓過去，我知道，再前行大約二十分鐘，就可到我當年就讀的在市立一中緊鄰的鍾英中學了。我心急的想撇開身旁人眾，信步走去，到鍾英去尋夢。但是，我忽然記起十餘年前在南京大學圖書館工作的江南女士曾經來信說：「學校多次整修，已不是原來的模樣了。……由於一中擴大校園，原來在其旁邊的府西街小學便越過中山南路，遷到了原來的鍾英中學。」我的母校早已化作了歷史名詞。看歷史，還是讀書冊的好，至少不必感到現實芒刺的騷擾。基於此，我沒有脫隊獨行。就在我離京去臺的那年冬天，建鄴路上的板鴨店前排滿了長之又長的人龍。手中握了袁大頭銀圓的販子在你身前身後眨著鼠眼轉繞，銀圓敲擊清脆的聲響起在耳畔，彷彿隨著鴨翅飛去。不要說板鴨了，就連豆腐乳都要排隊。金圓券緊跟著變成了銀圓券，卻仍擋不住變成草紙的頹勢。實物搶購，那就是我離京前夕的可怕旋風。我從朝天宮沿著建鄴路望過去，搶購板鴨和豆腐乳的人龍早就乘風上了天了，五十多年後寂寂的秋天午後，建鄴路上沒有很多人。我看見兩三個女工手捧著塘瓷大碗，盛滿了飯菜食物，邊走邊笑邊吃。她們很年輕，她們不但沒有在搶風中掙扎過，就連三反五反大躍進的局面也沒經驗過。秋後的陽光慵懶地照在她們烏黑發亮的髮上。她們就是建設二十一世紀的中國的一代了。我突然想起來，建鄴路上那家賣板鴨的店不是叫做「金玉興」麼？是啊！我真希望中國往後就金興玉振了。從金玉興再向前，走過鍾英中學，市一中，不久就是新街口了。新街口上的大華電影院，那時是全南京市首屈一指的最氣派最大型最豪華的電影院了。離開南京的那年，我也曾站在黃牛擁擠的人隊裡，在那裡買票看了陶金、白楊主演的〈一江春水向東流〉。向東流啊卻不是春天，而已是隆冬了。向東流去了五十多年的歲月，連我的頭髮已被流水濯洗成了白色。

你從雪山走來，春潮是你的丰采。你向東海奔去，驚濤是你的氣概。你用甘甜的乳汁，哺育各族兒女；你用健美的臂膀，挽起高山大海。我們讚美長江，你是無窮的泉源；我們依戀長江，你有母親的情懷。

一下子，那首〈話說長江〉中豪邁的長江之歌在我耳邊響起了。我看過長江的驚濤氣概，長江也把我送到了大海。而我也屢從海外回溯歸來，難道真是貪戀蘇東坡那句「浪淘盡千古風流人物」不成？

在短暫的一天半匆匆行程中，要看的想看的委實太多。試想，五十餘年的歲時會積攢出如何的壓力？而歲時的紋路不正跟那水層岩所表露的一樣麼？只要小小的一片，就已經讓我呼吸急促了。

在南京的第二天，下午黃昏時分，我們去了夫子廟的那片有著長遠歷史，令人無限神傷的秦淮河畔。人們一提起秦淮河，就會聽到兩種歷史的聲音：一是它的繁華，六朝金粉歌舞，醉生夢死；一是它的傷感，淮水東邊舊時月，夜深還過女墻來。這醉醒時分的感覺，是讓人千言萬語訴說不清不盡，而又不堪回首的哀矜。繁華落盡，青春已去，這大約也就是白先勇〈金大班的最後一夜〉裡的淒涼了。

繁華和傷感的兩種聲音合奏，我們在輕柔的曲律中看見了李香君、柳如是、馬湘蘭、寇白門……那些風華絕代風塵中透露著俠骨芳心的豔色。這些傾國傾城的女伎，我們在前朝文士的詩文中經常看到，她們的愛國情操，比多少鬚眉丈夫豐盛多多。中國歷史上自宋代南遷之後，一種柔弱的萎頓之風逐漸形成，終而難改。武不能光復失土，文又不敢針砭時弊，讀書人因而一頭扎進了秦淮河畔的脂粉堆中去，吟呻打滾、琴棋書畫、茶酒歌舞，以致誤國亡國。只為了一己的風流夢倒也罷了，只是江山社稷壞在他們手裡，就成為歷史罪人了。

其實，早在中國公元前六百年的齊國，便有大政治家管仲倡設的「女閭」了。女閭就是妓院，這可能是目前人類歷史上見諸史冊第一次註錄人肉市場的文獻。「妓」與「伎」，古代相通，意味妓不僅賣身，更多時候只賣藝的。「官妓」，在某種程度上，當古代男人與妓女來往時，精神上的享受甚或更大於肉體。日本的「歌舞伎」，雖不一定是官營，但其賣藝不賣身的精神就是從中土播傳過去的。只賣身的妓，在漢武帝時即設有「營妓」了。其作用就是以呈身供軍隊侍宿。這是專制帝王對其為之捨命的軍夫的一種恩惠，當然也可解釋成為一種控制的手段。我當年在臺灣的時候，仍有「軍中樂園」的存在，可見是有其先承的。在歷史上，除了唐朝，似乎各朝政府對娼妓（私娼）都是加以禁止的，（所以，大概只有文學史上的白樂天在潯陽江頭可以「添酒迴燈重開宴」，邀請歌伎登船，在江邊飲酒聆曲了。否則，千古絕唱的〈琵琶行〉也不會流傳下來了）用意就是不准政吏嫖娼宿妓胡作非為。在封建時代，妓乃官營國有，這些慘被剝削的女人不但因為帝王為了維持軍隊而出賣魂靈肉體，政府還要在她們身上抽取稅收。帝王有他的三宮六院粉黛佳人供「龍恩浩蕩」，卻對政府官員加以嚴限——嫖娼犯法。女人為了生計操皮肉生涯，不但認為是自甘墮落，也同樣犯法。所謂「逼良為娼」，對於社會上的大流氓，那就是大刀侍候的了。於是，像《桃花扇》書中的小生侯方域，便是毫無負擔的在夾縫中經營春秋桃花美夢的偽君子。

不但是《桃花扇》中的侯方域如此，即便到了民國，三十年代年僅二十多歲的朱自清，和較他小了兩歲的俞平伯，也曾經在南京結伴遊過秦淮河，分別寫下了同題的散文〈槳聲燈影中的秦淮河〉，公諸於世。這兩篇文章的重要意義，可能是表露了新時代的青年的進步思想。那次是朱自清先生第二次遊秦淮河，他第一次是怎麼偷偷摸摸去的，他自己沒說（這也可能表示著他的「進步思想」仍不脫歷史色素的浸染的「不得已」方面）。但在他第二次重遊時，歌伎已在年前被政府取締，令他感到悵惘，於是寫下了「覺得頗是寂寥，令我無端的悵悵了」

的句子。也許朱自清只是抱著聽歌的美感去的，而沒想到在遊河時，歌伎不但照樣出現，而且表現過無不及，竟公然跳上朱先生的船，死皮賴臉糾纏著點歌。我們可以想像，該時原本心懷悵悵的朱自清，很可能被這樣歌伎們的大膽行為弄得不知所措而心頭怦怦跳了。於是，他在槳聲燈影中接過了歌本，胡亂故作坐懷不亂的大方之舉，向歌伎們瞥下一眼，（他難道只想「靈」的方面的快感嗎？）把歌本隨手翻了一下，就拋給同遊的俞平伯了。而俞先生卻一逕揮手，竟然連接下的勇氣都欠缺，只不停地叫說「不要！不要！」此情此景，朱、俞二位最後只得在狼狽的狀況下，避開瘋狂的皮條客的追逐騷擾，登岸逃脫了。

朱先生覺得不便板著臉冷冷地對歌伎說不，但，如果是那樣，他何以要第二次且在政府的禁令下去織風流夢呢？以朱先生的知識，不可能不知道「妓」同「伎」的古代相通之義，那麼，他何必自認應該和顏悅色向皮條客說：「你不知道，這事我們不能做的呢？」俞先生也覺得朱先生的想法太迂太可笑，因為皮條客可以理直氣壯地反詰：「那你們來幹甚麼？只要不是太監，有甚麼不能做？」對此，俞平伯更引用了周作人的兩句小詩在文中，表示了他與朱自清自認聆伎藝與狎妓樂的不同觀念：「我為了自己的兒女才愛小孩，為了自己的妻才愛女人。」「士」的大丈夫形象，真是被他破壞一盡了。

我站在跨越秦淮河面的石橋上望著夕陽下的河水，槳聲和燈影既聽不見也看不到。河水無聲流瀉。中國在經過了驚天動地的大革命後，妓，於法是廢除了，不論官與私，都是違法行當。但是，為甚麼毛澤東卻在革了命之後仍在北京中南海的官邸中跟女人狎樂呢？

大約我們的陪同要向我表示一下「革命」之後的深意和滿足我懷古戀舊的感情，遂率領我們到夫子廟街上一家叫做「小任任」的飯館用餐。餐館在二樓，擺設了十幾張不算大的舊式木桌木椅，侍應服務人員男士都戴了小帽，穿著中式衣袴，以小吃式的點心招待客人。瓜皮小帽及中式短褂都不甚潔整，餐具也嫌破舊不潔。陪同人員說，這就是當地文化。菜式有梅菜燒賣、小包子、小糍粑餅、滷牛肉、茴香豆及玉米粒小碟、鴨血湯、牛肉湯、鹽煮花生、豆腐乳、小米粥、綠豆稀飯及雞絲干絲湯。我在南京住過，「當地文化」絕對不以這些菜式為代表。我知道。

「黃葉舞秋風，伴奏是四野秋蟲。」四十年代周璇的歌曲又在耳邊響起。我當年不是在秦淮河畔聆聽此曲，但我知道，秦淮河水有情，默默無聲中，也不靠槳聲燈影，早把一切的聲音帶走了。

二〇〇〇年九月，《聯合報》

山在虛無縹緲間

去年九月中秋前後的大陸長江以南之旅，為期半月，行程密集緊湊，回來以後感覺非常疲憊。感覺疲憊，可能是由於年歲大了，難免力不從心。我也曾寫了五篇紀行文章，多是感性成分的。寫畢之後，終覺應該寫道一般此行觀感印象，如果用我在中學時期作文課的常用術語來說，就是「心得」。

心得當然有。因為我雖步入花甲，但尚未昏聵到好壞不分；也未糊塗到冷暖不知。基本上，我是一個非常之「中國」的人，一心期盼著中國的強、壯、大。也一心期盼著中國人在當今（尤其到了二十一世紀的新年代）的世界上切切實實、磊磊落落、堂堂正正在每一個層面屹立。我生於憂患，故這一份心願也是自幼以來長滯於心的懸念。吳祖光鄉兄多年前曾寫了一聯他自製的聯語給我，他是這樣寫的：「十丈紅塵，千年青史；一生襟抱，萬里江山。」祖光鄉兄是才子，這幅聯語大概是給自己書寫的書憤吧。可惜我沒有甚麼大的襟抱，但我有一顆赤紅的中國心，殷切懇摯地希望中國好起來。我不談政治上的中國，我的中國是文化的中國，是血緣的中國。所以，這一次我回訪中國，就跟遊子返鄉一樣，怎能無衷？我當然有所心得。

心得有好與不好兩方面，於是就產生了既喜且憂的心情。我看我就實話實說吧。先說好的方面。這次我們撇開了「官方」，執意接觸「人民」。基本上說，沒有遭受到政治上的騷擾。正因為如此，我可以敞胸稱說我的所見所聞。我的第一印象是，當代的中國人，許是經過了歷史上罕見的大動亂及大挫敗，而在獨夫毛氏過世後，又經歷了鄧小平時代主導的改革開放，激起了他們積極圖強的覺醒意志。是此，他們的心中膺滿了自信，特別是當國家建立了半世紀，而二十世紀正退向歷史的地平線下的時候，似乎看見了起自地平線上的一道新世紀的曙光。從我跟他們交談的人的口中，我深切的獲得此一印象。這當然好，因為曙光就是希望。一個對於未來一無希望的人，他的生活如何？他是怎麼安排自己的生活？我們都不言可喻。不過，要是過分強調此點，也會是一種具有反作用的力度。比方說，驕傲自大，過於顢頇輕視別人，也即是不知自謙，或矯情，這都是有百害而無一利的。我希望中國的主政人及真正的知識分子能有鑑於此，而對人民加以疏導。俗話說「聰明反被聰明誤」，那就不好了。

我這次訪問中國，無論城鄉，每到一地，都因當地的物質建設留下極深印象。尤其是在工程建設方面，真可以說是相當奪目。一般房舍樓宇，不論是公寓大廈，政府或企業樓廳；公路、水壩、機場、隧道、大橋、博物館……都建造得踏實而頗有規模。我到了貴陽、重慶、武漢及南京，一般來說，市容似乎完全換了新，新廈櫛比林立。比方說，重慶市城區原精神堡壘（今鄒容路及民族路、民權路一帶）之街道市容，非常寬廣漂亮，彩飾燈景市招，極是奪目耀眼。原來的國泰電影院（我在那裡看了抗戰勝利後由白楊主演的〈八千里路雲和月〉）經過修整，於今雖在原地而時過半個世紀，卻煥然一新，氣派豪華，已經從當年的小媳婦搖身一變為貴婦人了。南京的新街口亦復如此。完全換了新裝，如果不是身臨其境，你不會相信那就是文革中鬧嚷嚷紅旗舞滿街天，小青年男女握拳嘶喊，把麻雀老鼠都驚嚇得高飛躲地不見蹤影的地方。我們去吃重慶毛肚火鍋的店，在二樓，之豪奢，之氣派，之高檔，之可口過癮（菜式高達近百種，隨吃隨送，服務人員親切有禮，舞臺上還有藝術表演，耳目新穎，口心稱爽），真不作他想。也難怪陪同人員於食罷出街時，瞇著眼睛微笑面有驕矜地對我說：

「莊先生，怎麼樣？跟您當年吃的毛肚火鍋不一樣的吧？」

的確不一樣了。我們這次所至各城的賓館旅舍，都是三星級或以上的，雖說有若干小地方仍待改進，（比方說，鋪設了地毯的走廊上都蓋蒙了白布。而白布又被踐踏污髒，他們為了保護地毯而出之的這種「怪招」，實在令人啼笑。我問旅社中人員：「難道你們不用吸塵器每日清潔？」答稱：「這樣也很方便。」）但大體上說都有相當的規模成效。自閉了那麼久，改革開放後能有今日局面，委實不錯了。陪同人員的一句話，我覺得倒是切實的，他說：「我們跟外邊兒（意即國際尺度）比，是橫的比，那沒得啥子意思。我們要跟過去搞直的比，那才實際。」話是如此，但我在前面說過，要是每每以這種態度過於自負地驕矜，還是犯了中國人固有的「大中國」意識病了。這種自我陶醉的「大中國意識」，對所有不論身在何地的中國人來說，都是嚴重的智障。這樣的歷史文化感必需要像民國成立以後把清朝男人頭上的辮子一刀斬掉，把女人的纏足嘩啦一聲解放那樣，讓它徹底埋葬才好。

我們在重慶乘坐的江輪「平湖2000」號，完完全全是中國湖北省武漢建造的。很好。就因為一釘一鉚、藍圖設計、管理經營，完全出於中國人自己，所以我說好。船下行至宜昌，過葛州大壩，經攔江截流而造成的當今落差千仞的輪船閘閘，這些都出自中國人一手獨成的勇氣和自信及成就，都讓我有對中國自幼以來號稱「東亞病夫」的唏噓怨歎及羞辱一掃而空的快感。當江輪「平湖2000」在閘口徐徐下落至另一段水域，望著長江兩岸的景色為之一變的時刻，心中確乎有「世界能成，中國也成」的那種自豪感。這樣的快感在棄舟登陸，乘車馳駛在修建得齊整、平順、寬闊的公路上的時候，更其與清風俱颺了。

長江，這條中國山川中的主流，彷彿是人體的大動脈血管一樣，它把歷史、文化、經濟、秀色、氣魄帶給了中國大地的世界巨川，詩文謳歌早都訴說不盡。我在船上過三峽的時候，那種勝意的文化感與江水齊瀉，一去不返。千古風流人物，已被江水淘盡，但是，淘不盡的竟也是我人在江上沿江所見的流盪漂滾的污穢！那樣美好的江水，竟然渾渾無情地空空流瀉，看不完也流不完的垃圾，隨船不散。這樣的情況，你在美國的密西西比河上，流經歐洲多少國家的多瑙河上，是絕對看不到的。我在一本中國人自編自印的雜誌上，曾看到一篇報導長江江水受到污染已經「不堪」的文章，不是嗎？連中國當今的詩人都把長江描寫成了一條「裹屍布」了！長江向東流，流入大洋大海，海水一直拍打西方世界的西岸，這樣的東流，壯觀早被不屑的白眼抹下去了。

由此，且讓我來說說此行的不好的一面吧。

我的粗略印象，在我所至的每一個城鄉，每一條街巷，都覺得被過多的人口衝撞擠壓得滯悶煩躁。從美國回到臺灣，覺得人一下子多得「可怕」；但是，從臺灣到了中國，竟覺得人一下子多得「要死」。毛澤東當年要拿人口多少來跟西方較量，硬說「東風壓倒西風」，這種幼稚可憐復可笑的論調，倏忽使中國的人口突破暴增，多到讓中國差點被人拖垮。當然，毛氏還運用了另外一套政治謬論，使中國的人口銳減——殘害無辜，罪無可逭。當今之世，我們處於一個科技主導一切的時代，在在重「質」而不重「量」。即拿人口來說，國不在小，人口不在少，要在以一當十，以十當百，而非烏合之眾。西方真正富盛的國家，哪一個有中國這麼多滿街行走的人？非洲及落後地區的國家，人口多到有時連溫飽都達不到，衣不蔽體更不待言。請問，赤貧如是，怎麼去「壓倒西風」？這些國家的人口問題，正是先進國家背上的芒刺，心頭的大患。毛氏的荒天謬論竟然出於二十世紀，使中國的人口多到了「嚴重」的地步，而他自己還沾沾自喜。人口把中國壓了下去，不，是人口把中國給吞噬了。

人口過多的問題，並非我危言聳聽。請看此間《世界日報》一九九九年十一月五日（星期五）副刊上張作錦先生大作感時篇〈六十億人、學人、政治人——從馬寅初蔣夢麟想到國家現代化的一些事〉文章中所描述的：

一九九九年十月十二日清晨零時二分，一名男嬰在塞拉耶佛出生。他的啼聲震動全球每一個角落：世界人口達到了六十億。也就是說，食之者眾，以後大家的日子會愈來愈不好過了。中共說，幸而大陸在七十年代開始了「一胎化」政策，控制了人口的擴張，否則四年前全球就達到六十億人了。不過，若是大陸能早些警覺，提早抑制人口增長，則中國和全世界的人口問題就不會這麼嚴重。

一九四九年中共建政，開始辦人口普查。五〇年「十、一」慶典，毛澤東填了一闋〈浣溪沙〉：「長夜難鳴赤縣天，百年魔怪舞翩躚，人民五億不團圓。」五八年七月一日毛有〈送瘟神〉七律：「春風楊柳萬千條，六億神州盡舜堯。」只有七、八年，人口就增加了一億。雖然毛澤東沉醉於歌舞昇平中，人口學家的北大校長馬寅初可是心急如焚。五七年春天，在中共第一屆全國人大第四次會議上，馬寅初提出〈新人口論〉，認為中國必須節制人口，否則後果嚴重。此議引起全國極大的反應，有識之士都認為是有遠見的治國張本。

但風雲突變，忽焉掀起反右鬥爭，官方報紙指馬寅初藉人口問題搞政治陰謀。毛澤東提出「人多好辦事」的觀點，質問馬寅初「是馬克斯的馬，還是馬爾薩斯的馬？」馬寅初答覆說：「我對自己的論斷有相當的把握，不能不堅持。」他還堂堂正正的指出：「我雖年近八十，明知寡不敵眾，自當單身匹馬出來應戰，絕不向專以力壓服而不以理說服的批判者們投降。」結果北大丟了馬寅初校長，被鬥得死去活來，大陸的人口就在政治翻滾中「突飛猛進」。等到七九年鄧小平替馬寅初平反，已經「錯批一個人，誤增三億人」，大陸人口直逼十億矣！

自古以來，只有專制帝王，尤其是暴主昏君，愚而好自用，剛愎猜忌又自卑，最不能容士人諍言忠諫。其實，馬寅初的遭遇，唐代的大詩人杜甫早就在他膾炙人口的〈醉時歌〉一詩中道出了：「先生有道出羲皇，先生有才過屈宋，德尊一代常坎軻，名垂萬古知何用。」馬寅初以他的深卓的專業知識，高操的國計民生大德與知識分子救國的良心，道出了中國即將面臨的大危機，而竟被一個獨夫霸主的毛澤東排斥了。馬氏丟了北大校長高職，竟仍然活到壽高一百以上，毛澤東沒有取了他的首級，這恐怕已是德太高而令暴君有所顧忌了。毛氏口口聲聲「人民」，卻拿數億的中國人民開玩笑，讓預期的革命光輝沾滿了血腥，悲夫！

緊跟著人口過盛困擾而伴生的問題，其一便是人民的教養問題。一直為大家異口同聲訴說的所謂「文革後遺症」，我這次在中國的旅行中可算是親眼目覩了。文革，是中國歷史上的浩劫，也是人類歷史上絕無僅有的大災，它的後遺現象在二十餘年的文革後因「改革開放」政策而開放了。我在前面已經示意，在大動亂中凡接受了毛氏血庫輸血的青年，其後遺現象乃如吸毒的少年一樣，至今那毒素仍在體內暢流循環。我這次在旅行中，受文革毒害的人所給予我的印象，用最基本淺顯的話來說，就是他們的言行太過粗糙了。在現代，要建設一個高度文明昌盛的國家，所有言行粗糙的人民是完完全全多餘的，因為他們是社會的毒瘤。且讓我舉幾個實例以明之。

實例一：湖北省博物館正門牆上高懸著「嚴禁吸菸」斗大字跡的牌示，而數名博物館公職人員卻坐在牌下椅子上樹蔭底抽菸談笑。重慶博物館無有冷氣，電扇雖設但未開動。參觀的「人民」搖頭吐氣，揮扇拭汗。而館內一工作室中數名工作人員卻坐在桌前，閒談飲茶，吹著風扇納福。「人民」被拋在一邊，活該！

實例二：在貴州參觀距貴陽不甚遠的風景景點黃果樹大瀑布。我自瀑布左側沿山勢隨眾人著雨衣登山，繞到瀑布後面鑿開的山洞隧道，再由右側沿石梯下山。在半途，距瀑布數丈遠的右側山坡上有一供旅遊人士回首對瀑布作最後一瞥的觀望臺。因臺上無人，我乃登臺如廬山觀瀑一般對名震全國的景觀作臨去前的二度回賞。大約一分鐘左右，忽有人用手推我左肩，以生硬的普通話說：「喂！喂！過去一點！」回頭側視，但見一穿灰色西服打領帶之中年（大約四十餘歲）男士，倚欄而立，背對瀑布，咧嘴前望微笑。我隨他的目光再往左後方一望，見地上約數尺遠處地上蹲有一名男士，手駕相機，準備拍照。本能地我立刻覺悟到那位身著灰西服打領帶的男士遊客，想必擬在瀑布前留影為念，而又不願鏡頭中出現閒雜人等，於是以手推我讓出空間。對於這種粗糙自私的中國人的言行，令我非常不悅，本當嚴詞責詢，但思及在美臨行前妻曾一再規諫，此行切莫動怒使氣，不要惹不必要的麻煩，以忍為上，故僅笑笑以微軟言語相問：「這裡是不是專供攝影之用？」答云：「不是。甚麼人都可以來。」

於是我笑說：「那麼事有先來後到，您要照相，可以好言對我稱說，為甚麼以手推我，令我讓開？我在此地看瀑布有何不可？」殊知該文革中的闖將（但憑其年紀及言行推斷，純屬主觀）冷笑著自牙縫中迸出來這麼一句：「這瀑布有甚麼好老看的？看久了人都變傻了！」

實例三：觀瀑既畢，下山至出口處途中，小販十數人，竹籃或小袋中或手中執了玉米、柿子、橘柑、蘋果、畫片、小書冊……緊緊追隨客人前後，甚至以肢體行動推碰客人求售，非常具有aggressive spirit。小販男女老幼都有，頗似金庸武俠小說中之丐幫人物，雖非衣不蔽體，襤褸不堪，但音容實予人生活困苦之感。除了這些兜售什物的進取小販之外，尚有一批身無長物的年幼兒童，緊緊跟在旅客身後，以微弱乾啞的聲音嘶喊：「歡迎光臨。歡迎再來。祝您一路平安。」一遍又復一遍，音似蚊蟲，長伴耳際久久不散。我忽然憶起抗戰幼時在貴州所見的叫化子（乞丐）小孩來，心中悵惘難去。

實例四：在貴州，我們在參觀了景點「龍宮」潭歸程途中，所乘坐之小巴士因司機同志師傅前一天誤買摻了其他液體的汽油，拋錨途中，無法開行。我們靜坐車中，等待後面隨行的攝影工作隊人員所乘的另一輛小巴士。時已黃昏，荒山野地，公路上不見其他車輛，眾人飢腸轆轆。司機師傅稱說常有山匪路賊，見有汽車拋錨者，就會持器前來打劫。聞之心慄。我們俟工作人員所乘之車到達後始換車返回安順市區。匆匆晚飯之後，司機大人即隨同其他人員攜了有關器材，開車回去營救那被棄於荒山夜路上的拋錨汽車。都二十世紀了，經過了革命，新中國竟還有古典小說如《水滸傳》中的「強人」出現，真令人唏噓。據稱，大陸偏僻的景點，常有「強人」成夥藏草叢樹後，偶見有觀光客汽車經過時，突然竄出橫臥公路上，汽車緊急煞車。於是其他強人乃一擁而上，搶劫客人財物，呼嘯而去。

實例五：我在南京結束兩週大陸旅遊返港前夕，晚飯後去離所住南京飯店不遠之書店遊逛。書店內人群擦身擁擠。店中央書架前有一高約丈許的藤製臺椅，頂端坐著一位三四十歲的女服務員。我於取得一冊《錢鍾書先生紀念文集——「一寸千思」》握在手中緊靠腰腿間，正擬再看視書架上他書時，忽聞端坐在藤椅頂上之女店員以命令口氣語音發話道：「喂！喂！把你要買的書舉起來！」不能相信，我乃回頭待明瞭情況。殊知該女士微慍皺眉對我說：「就是你。這位白頭髮的老先生，別笑了。把你要買的書舉起來。」買書進書店，要把欲購買之書高高舉起，我活到花甲年歲，走遍東西多少國家，這應屬平生料想未到的第一遭。不敢違抗，遂以手托拿住書舉過頭上。霎時，了悟為何竟有此等購書奇招了。原來她是把我這個外來客認為有小偷嫌疑而破例出招，因為在人潮擁塞之中，我很可能將手中之書暗中遞給甲，甲再遞給乙，而丙而丁，終而把書傳出書店之外。幸好我手中舉起的書是《錢鍾書先生紀念文集》而非《毛語錄》的小紅書，否則，我當場就變成紅衛兵了。

實例六：三年前，我的老友鄭君去大陸。在西安，某日赴郵局購買郵票為臺、美家人投信需用。至郵局時，承辦人一女士正低首辦著業務。鄭君輕微假咳嗽用委婉語氣打招呼以引起對方注意，說：「小姐，對不起，請給我幾張郵票。」不料對方停下手中業務，側首對鄭君厲色正顏道：「甚麼『小姐』？我們這兒不興這一套。『對不起』，你對不起甚麼？」鄭君大惑不解，情知此事不妙，一語未發退出郵局，郵票也不買了。事後他與陪同人員談起日間此事經過，陪同先生抽著菸笑道：「鄭先生，我們這兒的確不說『小姐』，『對不起』也不常用。您要買郵票，不必說甚麼，要是承辦人沒看見您，您就用手敲敲門窗櫃臺，說要買幾張郵票，一手給錢，一手取貨就行了。」次日鄭君又去買郵票。鼓足了勇氣，以生硬但粗厲的語氣於手指擊敲櫃臺時說：「喂！喂！給我兩張×××的郵票！」承辦人聞說，一語不發，把郵票交到了鄭君手中。

實例七：我在此間的大學同事孫君語告，兩年前帶小孩去中國廣西桂林。他七歲的孩子手中拿了一具美製手電筒，上面有電鈕可以放音樂，為一中國小販看中，一手把電筒自孫君少爺手中搶去，走至孫君面前，說：「多少錢？你給個數。咱們以實物交換也成。」事已至此，孫君一語未發取回原屬孩子的電筒，牽著孩子的手走了。

實例八：三年前，我的朋友C君赴上海。某日，在街頭閒逛。忽有一公安人員向他接近，厲言道：「隨地吐痰，罰金×××。」正擬開罰單，C君順公安人員眼色向近處地上一看，果見有濃痰一口，於是以他五十年前在上海讀書時的滬語回答：「這弗是阿拉吐的。」公安人員不悅道：「講上海話也沒用。我看見你吐的。」C君哭笑不得，要拉路人為證。路人解圍，公案方不了了之。

實例九：在重慶，我率子隨團隊上街觀光。兒子稱說內急。我知大陸城市公廁不易尋獲，也情知即使找到，但過於骯髒且其臭令人難以呼吸，不願在美國出生受教育長大的二十七歲「假洋鬼子」兒子有不良印象，遂帶他直奔近處一家大飯店，詢問廁所何在。身著制服的值勤工作人員冷言板臉對我說：「我們這裡沒有廁所！」我於是帶著兒子一連跑了另外兩家大飯店，都得到一樣的回答。兒子大惑不解，苦苦哀求於我：「爸，我們快想辦法吧，不要問了。」一語驚醒夢中人，我們急急去了大飯店旁的一家商場。我向一位看來很平順體面的小青年做了最後的求援。對方婉言相告，並以手指示方向。兒子跑步前去，數分鐘後返來，如釋重負地涎臉笑說：「好危險啊！」

實例十：說到廁所，這真是到大陸旅遊的一大麻煩。但是偏偏有時在外不得不就地解決。我這次旅行，自貴州至四川至湖北至江蘇，每去一次公廁，即有「逐臭之夫」的自歎。不僅如此，那樣藏污納穢，環境狹小空氣惡劣的地方，在入口處，竟有看守人員（大皆中年婦女）

冷言大聲向你索取費用，自兩角至五角人民幣不等。未料共產世界，居然也任由「鈔票講話」了。

實例十一：自美國回臺灣，總覺得城內交通太差，開汽車的人及行人都對交通號誌規則不十分注意，或注意了但並不切實遵守，深感苦惱。但是，自臺灣而中國大陸，兩相比較，就覺得臺灣的交通亂相較之中國大陸是小巫見大巫了。在某些城內，我親眼見小孩子於汽車馳近身邊時，突然笑嘻嘻張開雙臂做攔劫狀，俟車至眼前乃快步拔腳離去，彷彿玩捉迷藏的遊戲。又見行人公然背手抽著香菸，在馬路中央閒逛踱方步眼望雲天者，汽車按喇叭也充耳不聞。而開車的人，有時竟因欲超車而超越到地上的線外去（衝向相反方向來車的車道內去）。總之，地上車線如同虛設，車速全由駕駛人自決，如何駕駛轉向以及何時轉向，似乎也都由駕駛人自決。

總而言之，中國的現在和未來，在在都關乎「人」，人的確是太多了，過盛了。這不是我的主觀故作驚人不實之語，我在學校所認識的一位來自中國大陸的留學生周君也這樣說：「一點也不錯，中國的人口實在太多了。我回北京，到商場去買東西，哪裡都是人，人滿為患。我後悔忘了帶一件東西——氧氣筒，人多得呼吸都困難了。」這雖是笑談，卻一針見血，誰中帶淚。人多，其實也不要緊，只要都能教育調理得好，人人有用，何懼國家不能富強壯大？但是，如果政策有問題，教養失當，政府只在經濟方面使力開放，人民本已教養不良，加上這等推波助瀾，想要「東風壓倒西風」，那就不可收拾了。這絕不是危言聳聽。不信的話，請聽聽我此行在中國大陸蒐集到的順口溜：

一等公民是公僕，人民為他謀幸福。

（公僕意指政府官員，原應「為人民服務」，而現在卻為人上之人，藉人民而享利。）

五等公民拿醫刀，划開肚皮要紅包。

六等公民是演員，扭扭屁股就來錢。

十等公民是教授，光吃白菜不吃肉。

順口溜把中國人依職業劃分為十個等級，都以「錢」（大陸術語「向錢看」）為區別，這就是「改革開放」的效果。這樣下去，我所期盼的強大的中國，難免會是「山在虛無縹緲間」吧！

二〇〇〇年七月二五、二六、二七、二八日，《中華日報》

三民叢刊書目

①邁向已開發國家　孫　震著
②經濟發展啟示錄　于宗先著
③中國文學講話　王更生著
④紅樓夢新解　潘重規著
⑤紅樓夢新辨　潘重規著
⑥自由與權威　周陽山著
⑦勇往直前　石永貴著
　・傳播經營札記
⑧細微的一炷香　劉紹銘著
⑨文與情　琦　君著
⑩在我們的時代　周志文著
⑪中央社的故事（上）　周培敬著
　・民國二十一年至六十一年
⑫中央社的故事（下）　周培敬著
　・民國二十一年至六十一年
⑬梭羅與中國　陳長房著
⑭時代邊緣之聲　龔鵬程著
⑮紅學六十年　潘重規著
⑯解咒與立法　勞思光著
⑰對不起，借過一下　水　晶著
⑱解體分裂的年代　楊　渡著
⑲德國在那裏？（政治、經濟）　郭恆鈺、許琳菲等著
　・聯邦德國四十年
⑳德國在那裏？（文化、統一）　郭恆鈺、許琳菲等著
　・聯邦德國四十年
㉑浮生九四　蘇雪林著
　・雪林回憶錄
㉒海天集　莊信正著
㉓日本式心靈　李永熾著
　・文化與社會散論
㉔臺灣文學風貌　李瑞騰著
㉕干儛集　黃翰荻著

㉖作家與作品　謝冰瑩 著
㉗冰瑩書信　謝冰瑩 著
㉘冰瑩遊記　謝冰瑩 著
㉙冰瑩憶往　謝冰瑩 著
㉚冰瑩懷舊　謝冰瑩 著
㉛與世界文壇對話　鄭樹森 著
㉜捉狂下的興嘆　南方朔 著
㉝猶記風吹水上鱗
・錢穆與現代中國學術　余英時 著
㉞形象與言語
・西方現代藝術評論文集　李明明 著
㉟紅學論集　潘重規 著
㊱憂鬱與狂熱　孫瑋芒 著
㊲黃昏過客　沙　究 著
㊳帶詩蹺課去　徐望雲 著
㊴走出銅像國　龔鵬程 著
㊵伴我半世紀的那把琴　鄧昌國 著
㊶深層思考與思考深層
・轉型期國際政治的觀察　劉必榮 著
㊷瞬　間　周志文 著

㊸兩岸迷宮遊戲　楊　渡 著
㊹德國問題與歐洲秩序　彭滂沱 著
㊺文學關懷　李瑞騰 著
㊻未能忘情　劉紹銘 著
㊼發展路上艱難多　孫　震 著
㊽胡適叢論　周質平 著
㊾水與水神
・中國的民俗與人文　王孝廉 著
㊿由英雄的人到人的泯滅
・法國當代文學論集　金恆杰 著
(51)重商主義的窘境　賴建誠 著
(52)中國文化與現代變遷　余英時 著
(53)橡溪雜拾　思　果 著
(54)統一後的德國　郭恆鈺 主編
(55)愛廬談文學　黃永武 著
(56)南十字星座　呂大明 著
(57)重疊的足跡　韓　秀 著
(58)書鄉長短調　黃碧端 著
(59)愛情・仇恨・政治
・漢姆雷特專論及其他　朱立民 著

⑥⓪蝴蝶球傳奇 顏匯增著
・真實與虛構
⑥①文化啓示錄 南方朔著
⑥②日本這個國家 章陸著
⑥③在沉寂與鼎沸之間 黃碧端著
⑥④民主與兩岸動向 余英時著
⑥⑤靈魂的按摩 劉紹銘著
⑥⑥迎向眾聲 向陽著
・八〇年代臺灣文化情境觀察
⑥⑦蛻變中的臺灣經濟 于宗先著
⑥⑧從現代到當代 鄭樹森著
⑥⑨嚴肅的遊戲 楊錦郁著
・當代文藝訪談錄
⑦⓪甜鹹酸梅 向明著
⑦①楓香 黃國彬著
⑦②日本深層 齊濤著
⑦③美麗的負荷 封德屏著
⑦④現代文明的隱者 周陽山著
⑦⑤煙火與噴泉 白靈著

⑦⑥七十浮跡 項退結著
・生活體驗與思考
⑦⑦永恆的彩虹 小民著
⑦⑧情繫一環 梁錫華著
⑦⑨遠山一抹 思果著
⑧⓪尋找希望的星空 呂大明著
⑧①領養一株雲杉 黃文範著
⑧②浮世情懷 劉安諾著
⑧③天涯長青 趙淑俠著
⑧④文學札記 黃國彬著
⑧⑤訪草（第一卷） 陳冠學著
⑧⑥藍色的斷想 陳冠學著
・孤獨者隨想錄
⑧⑦追不回的永恆 彭歌著
A・B・C全卷
⑧⑧紫水晶戒指 小民著
⑧⑨心路的嬉逐 劉延湘著
⑨⓪情書外一章 韓秀著
⑨①情到深處 簡宛著
⑨②父女對話 陳冠學著

⑨③	陳冲前傳	嚴歌苓著
⑨④	面壁笑人類	祖　慰著
⑨⑤	不老的詩心	夏鐵肩著
⑨⑥	雲霧之國	合山　究著
⑨⑦	北京城不是一天造成的	喜　樂著
⑨⑧	兩城憶往	楊孔鑫著
⑨⑨	詩情與俠骨	莊　因著
⑩⓪	文化脈動	張　錯著
101	桑樹下	繆天華著
102	牛頓來訪	石家興著
103	深情回眸	鮑曉暉著
104	新詩補給站	渡　也著
105	鳳凰遊	李元洛著
106	文學人語	高大鵬著
107	養狗政治學	鄭赤琰著
108	烟　塵	姜　穆著
109	河　宴	鍾怡雯著
110	滬上春秋	章念馳著
111	愛廬談心事	黃永武著
112	吹不散的人影	高大鵬著
113	草鞋權貴	嚴歌苓著
114	是我們改變了世界	張　放著
115	夢裡有隻小小船	夏小舟著
116	狂歡與破碎	林幸謙著
117	哲學思考漫步	劉述先著
118	說　涼	水　晶著
119	紅樓鐘聲	王熙元著
120	寒冬聽天方夜譚	保　真著
121	儒林新誌	周質平著
122	流水無歸程	白　樺著
123	偷窺天國	劉紹銘著
124	倒淌河	嚴歌苓著
125	尋覓畫家步履	陳其茂著
126	古典與現實之間	杜正勝著
127	釣魚臺畔過客	彭　歌著
128	古典到現代	張　健著
129	帶鞍的鹿	虹　影著
130	人文之旅	葉海煙著

(168) 說吧，房間　林　白著
(169) 自由鳥　鄭　義著
(170) 魚川讀詩　梅　新著
(171) 好詩共欣賞　葉嘉瑩著
(172) 永不磨滅的愛　楊秋生著
(173) 晴空星月　馬　遜著
(174) 風　景　韓　秀著
(175) 談歷史　話教學　張　元著
(176) 兩極紀實　位夢華著
(177) 遙遠的歌　夏小舟著
(178) 時間的通道　簡　宛著
(179) 燃燒的眼睛　簡　宛著
(180) 月兒彎彎照美洲　李靜平著
(181) 愛廬談諺詩　黃永武著
(182) 劉真傳　黃守誠著
(183) 天涯縱橫　位夢華著
(184) 新詩論　許世旭著
(185) 天　讃　張　放著
(186) 綠野仙蹤與中國　賴建誠著

(187) 標題飆題　馬西屏著
(188) 詩與情　黃永武著
(189) 鹿　夢　康正果著
(190) 蝴蝶涅槃　海　男著
(191) 半洋隨筆　林培瑞著
(192) 沈從文的文學世界　王繼志、陳　龍著
(193) 送一朵花給您　簡　宛著
(194) 波西米亞樓　嚴歌苓著
(195) 化妝時代　陳家橋著
(196) 寶島曼波　李靜平著
(197) 只要我和你　夏小舟著
(198) 銀色的玻璃人　海　男著
(199) 小歷史　林富士著
(200) 再回首　鄭寶娟著
(201) 舊時月色　張堂錡著
(202) 進化神話第一部 ·駁達爾文《物種起源》　陳冠學著

203
大話小說
莊因　著

作者以其亦莊亦諧的筆調，探觸華人世界的生活百態，這其中有憶往記遊、有典故，當然還有他所嗜好的飲食文化，綜觀全書，不時見他出入人群，議論時事，批評時弊，本著知識份子的良知良行，期待著中國人有「說大話而不臉紅的一天」。

204
人禍
彭道誠　著

太平天國起義是近代不容忽視的歷史事件，他們主張男女平等，要解百姓倒懸之苦。而戰無不勝勢如破竹的天朝，卻在攻下半壁江山後短短幾年由盛而衰，終為曾國藩所敗，何以有此劇變？讀者可從據史實改編的本書中發現端倪。

205
殘片
董懿娜　著

讀董懿娜的小說就像凝視一朵朵淒美的燭光。她筆下的女主人翁大都是敏感又聰明的人物，明明知道等待著她的是絕望，她還要希望。而她們的命運遭遇，會讓人覺得曾經在塵世間匆匆一瞥。本書就在作者獨特細緻的筆觸下，編排著夢一般的真實。

206
陽雀王國
白樺　著

中國施行共產主義，在政治、文化、生活作了種種革新，人民在一波波浪潮衝擊下，徘徊新舊之間。本書文字自然流暢，以一篇篇小說寫出時代轉變下豐富的眾生相，可喜、可憎、可愛的人生際遇，反應當時社會背景，讀之，令人動容。

207
懸崖之約
海男 著

「男人與女人在此約會中的故事，貫穿著一個幸運的結局和另一個戲劇的結局」。一個患腦癌的四十歲女子，她要在去天堂之前去訪問記憶中銘心刻骨的每一個朋友，也許是密友、情人、前夫，她的生活因為有了昨日的記憶，將展開一段不同的旅程。

208
神交者說
虹影 著

人的情感總是同時交雜著出現，很難只用喜悅、悲傷、恐懼等單純詞語完整表達。而本書作者細緻地記述回憶或現實的片段，藉以呈現許多情況下（如養父過世，或只是邂逅陌生人等）人複雜多變的感覺，使讀者能自然地了解書中的情境與人物的感受。

209
海天漫筆
莊因 著

或「拍案叫好」或「心有戚戚」或「捫心自思」，作者以其多年旅居海外經驗，與自身文化激盪的心得，發為一篇篇散文，不但將中華文化精萃發揚，亦介紹西方生活的真善美。且看「海」的那片「天」空下，作者浪「漫」的妙「筆」！

210
情悟，天地寬
張純瑛 著

本書乃集結作者旅居美國多年來的文章，娓娓細述遊子之情。其文字洗鍊，生動感人，處處展現羈旅之心與赤子之情。作者雖從事電腦業，但文章風格清新雋永。值得你我風簷展讀，再三品味，從中探索「情」之真諦！

211

誰家有女初養成

嚴歌苓　著

「巧巧覺得出了黃桷坪的自己，很快會變一個人的。對於一個新的巧巧，窩在山溝裡的黃桷坪和窩在黃桷坪的一切人和事，都不在話下。」踏出黃桷坪的巧巧會有怎樣的改變呢？如願的坐上流水線抑或是……

212

紙銬

蕭馬　著

紙銬，這樣再簡單不過的刑具，卻可以鎖住人的雙手，甚至鎖住人心，牢牢的，讓人難以掙脫更不敢掙脫。隨便揀一張紙，挖兩個窟窿，然後自己把手伸進去，老老實實地伸直了手，哪敢輕易動彈，碰上風吹雨淋，弄斷了紙銬，一個個都急成了哭相……

213

八千里路雲和月

莊因　著

本書可分為兩大部分，雖然皆屬於記遊文字、同在大陸地區，時間，卻整整相隔了十八年。作者以其獨特的觀點、洗鍊的文筆，道出兩段旅程中的種種。從這些文章，我們可以看見一些故事，也可以看出一位經歷不凡的作家，擁有的不凡熱情。

214

拒絕與再造

沈奇　著

新詩已死？現代人已不讀詩？對於這些現象，作者本著長年關注現代詩的研究，對現代詩有其深刻的體認，無論是理論的闡述或是兩岸詩壇的現況，甚至是詩作的分析，都有其獨特的見解。在他的帶領下，你將對現代詩的風貌，有全新的認識與感受。

215

冰河的超越

葉維廉　著

詩人在新生的冰河灣初次與壯麗的冰河群相遇，面對這無言獨化、宇宙偉大的運作，面對「雪疊著雪雪疊著雪疊著永不溶解的雪／緩緩地積壓著／冰晶冰層冰箔相連覆蓋九萬餘里」的景象，喜悅、震撼、思涉千載而激盪出澎湃磅礴的——冰河的超越。

216

庚辰雕龍

簡宗梧　著

基於寫作興趣就讀中文系，卻因教學職責的召喚，不得不放緩文學創作的腳步。本書作為政大簡宗梧教授創作成果的集結，不僅可讓讀者粗識簡教授於教學及研究著績外的創作成果，也將是記誌簡教授今後創作「臺灣賦」系列作品的一個始點。

217

莊因詩畫

莊　因　著

因心儀進而仿效豐子愷漫畫令人會心的幽默與趣味，作者基於同樣對世間生命萬物寬厚博大的關注與愛心，以他罕為人知的「第三枝筆」，畫出現今生活於你我四周真實人物的喜怒哀樂，並附以詩文，為傳統的中國詩畫注入了全新的生命。

218

換了頭抑或換了身體

張德寧　著

換了頭抑或換了身體？當器官移植技術發達到可以更換整個身軀時，我們要擔心的是生理上的排斥或心理上的抗拒？該為人類創造的奇蹟喝采還是為扭曲了人的靈魂而付出代價？藉作者精心的布局與對人深刻的觀察，我們將探觸心裡未曾到達的角落。

219

黥首之後

朱暉 著

政治上成分的因素，他曾前後被抄三次家，父母也先後被送入囹圄和下放勞改。他嚐盡世間的殘酷悲涼，看透人性的醜陋自私，但外在的折磨越狠越兇，內裡的親情就越密越濃。人性中最陰暗齷齪的一面與最光明燦爛的一面，都在這裡。

220

生命風景

張堂錡 著

每個人的故事，如同璀璨的風景，綻放動人的面貌。透過作者富含情感的筆觸，引領出成功背後的奮鬥歷程。文中所提事物，與我們成長經驗如此貼近，讓人油然而生「心有戚戚焉」之感。他們見證歷史，也予我們許多值得省思與仿效的地方。

221

在綠茵與鳥鳴之間

鄭寶娟 著

不論是走訪歐洲歷史遺跡有感，或抒發旅法思鄉情懷，抑或中西文化激盪的心得，作者以其一貫獨特的思考與審美觀，發為數十篇散文，澄清的文字、犀利的文筆中，流露著一種靈秘的詩情與浪漫的氣氛，讓讀者在綠茵與鳥鳴之間享受有深度的文化饗宴。

國家圖書館出版品預行編目資料

八千里路雲和月 / 莊因著-- 初版. -- 臺北市：三民, 民89
面； 公分. --（三民叢刊；213）

ISBN 957-14-3278-4（平裝）

1. 中國 - 描述與遊記
690 89009718

網際網路位址 http://www.sanmin.com.tw

著作人 莊 因
發行人 劉振強
著作財產權人 三民書局股份有限公司
臺北市復興北路三八六號
發行所 三民書局股份有限公司
地址/臺北市復興北路三八六號
電話/二五〇〇六六〇〇
郵撥/〇〇〇九九九八——五號
印刷所 三民書局股份有限公司
門市部 復北店/臺北市復興北路三八六號
重南店/臺北市重慶南路一段六十一號
初版一刷 中華民國八十九年十月
編 號 S 85558
基本定價 肆元貳角
行政院新聞局登記證局版臺業字第〇二〇〇號

ISBN 957-14-3278-4（平裝）